타고난 재능을 알면 갑부가 될 수 있다!

갑부의 기운

사례분석　　미래학자 **최기종** 지음

The　Energy　of　The　Rich

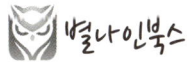

별나인북스

柳居 **이창수 작**

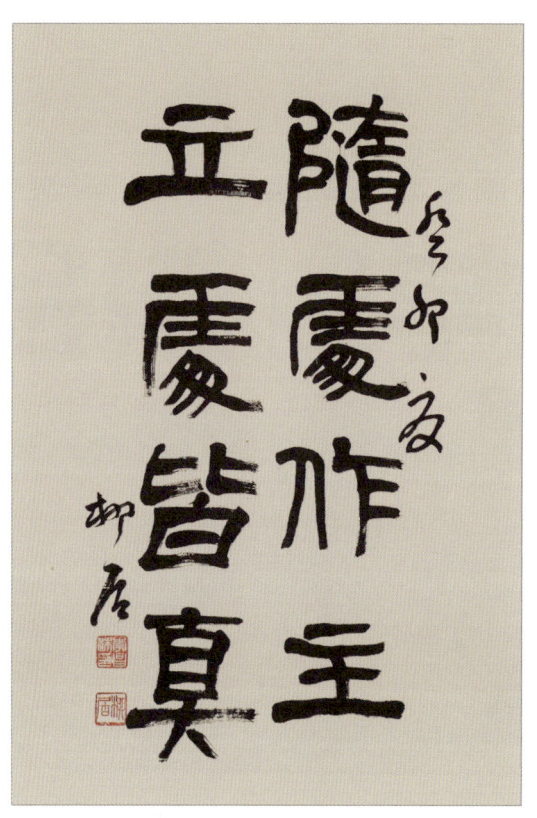

隨處作主 立處皆眞 수처작주 입처개진

– 머무르는 곳마다 주인이 돼라. 지금 있는 그곳이 바로 진리의 세계이니라.

藝堂 **박정희 작**

갑부甲富의 기운

최기종

한 분야의 전문가 최고수
대가 구루guru

나만의 지식과 기술
방식을 독점하고 있으며

만인의 정신적 지주로서
대체 불가한 사람이 되고

고귀하고 지위 높은
귀인을 만나 갑부가 되며

최고 지도자로 부상하고
원하는 만큼의 부를 모아

인류를 위해 봉사하는
장안의 으뜸 부자 되리라.

머리말

사람들은 갑부甲富가 되기 위해 밤낮으로 열심히 일한다. 그중에는 부동산, 주식, 달러, 펀드, 금 등에 투자하거나 로또Lotto를 사서 대박을 꿈꾸는 사람도 있다.

갑부를 꿈꾸는 것은 행복하고 즐거운 일이다. 자본주의 사회에서는 돈이 없으면, 타고난 자신의 재능이나 능력을 충분히 발휘하기 어렵다. 사람은 돈이 있어야 가족을 부양하고, 자신의 재능을 마음껏 펼칠 수 있다. 그렇다고 '돈이 인생의 전부라는 것'은 아니다.

사람마다 인생을 살아가는 방식이나 철학이 다를 수도 있다. 개중에는 무소유無所有를 추구하는 사람도 있고, 마음이 부자인 사람도 있고, 재산이 있으면 있는 대로 없으면 없는 대로 별 욕심 없이 행복하게 사는 사람도 있다. 그래서 인생은 정답이 없는 것이다.

필자는 오랫동안 각계각층의 수많은 사람을 만나 직업적성과 재능, 미래예측과 풍수지리 등을 상담하면서 손수 경험한 사례를 중심으로 졸저 『갑부의 기운』을 집필하게 되었다. 필자가 공부하는 미래학과 풍수지리학은 오로지 순수한 학문으로써 연구하는 것이다.

본서의 목차는 제1장 재산의 범주, 제2장 운명과 기운, 제3장 갑부의 기운, 제4장 재산의 씨앗, 제5장 오늘과 아침, 제6장 재산과 인연, 제7장 재산과 목표, 제8장 인내와 도전 등 총 여덟 개의 장으로 구성한다.

시중 서점에는 '부자'와 '성공'에 관련된 좋은 책이 많이 나와 있다. 필자도 모조리 사서 읽고 있다. 그러나 책에 나온 대로 무조건 모방한다고 해서 모두 성공하고 갑부가 되는 것은 아니다. 그것은 사람마다 타고난 직업적성과 재능, 환경이 다르기 때문이다.

즉 사람에 따라 '학자의 기운'을 가진 사람, '사업가의 기운'을 가진 사람, '연예인의 기운'을 가진 사람, '정치인의 기운'을 가진 사람, '법조인의 기운'을 가진 사람, '공직자의 기운'을 가진 사람, '작가의 기운'을 가진 사람 등 개인마다 '기운'이 서로 다르다.

그래서 사람은 먼저 선천적으로 가지고 태어난 자신의 재능을 알고 직업을 선택해야 한다. 그다음 자신이 선택한 직업에 필요한 학위와 자격증을 취득하고, 그리고 관련 분야에 대한 지식을 쌓고 기술이나 기능 등을 충분히 연마하고 갈고 닦아야 갑부도 되고, 원하는 직업을 얻을 수 있다.

아무쪼록 본서가 향후 타고난 자신의 직업적성과 재능계발, 진학·취업·창업을 준비하는 청소년·대학생·일반인·퇴직자·자영업자, 대선과 총선을 준비하는 정치인, 회사를 경영하는 기업인 등 국민 모두에게 인생의 길라잡이가 되었으면 하는 마음 간절하다.

끝으로 본서가 무사히 출간될 수 있도록 도움을 준 紫山

유용근 의원님, 錦募 이원재 교수님, 書江 최임규 교수님, ㈜백산출판사 진욱상 회장님, ㈜amg korea 이헌재 회장님, 포천신문 최호열 회장님, 케이에스아이아이㈜ 이순영 대표님, 고려신용정보 이학기 팀장님, 설악투데이 신창섭 대표님, 시사코리아 김덕주 대표님, 세명이엔지㈜ 권오칠 대표님, 에이원커뮤니케이션즈코리아(주) 신동옥 대표님, ㈜P&S네트웍솔루션 정용선 대표님, 藝堂 박정희 작가님, 柳居 이창수 작가님, 柔剛 유수종 작가님, ㈜백산출판사 진성원 대표님과 편집부 직원들, 별나인북스 전유미 대표님 등 모든 분께 감사드린다.

2023년 8월 26일
저자 최기종

차례

1. 재산의 범주

돈 만이 재산은 아니다 ⋯ 17

지식은 큰 재산이 된다 • 18 | 건강은 제일의 재산이 된다 • 19 | 재능은 최고의 재산이다 • 20 | 의지도 큰 재산이 된다 • 22 | 지식과 부 • 24 | 건강과 부 • 25 | 재능과 부 • 26 | 의지와 부 • 27

재산은 인간의 커다란 욕망이다 ⋯ 28

재산의 일반적인 개념 • 29 | 재능에 맞는 재산을 취득하라 • 30 | 장점을 살려 부수입을 창출하라 • 31 | 재산 3종 세트 • 33

2. 운명과 기운

사람마다 운명의 기운이 있다 ⋯ 37

멀티 탤런트 운명의 기운 · 1 • 38 | 사업이 잘 되는 운명의 기운 · 2 • 39 | 명예가 따르는 운명의 기운 · 3 • 41 | 승부욕이 강한 운명의 기운 · 4 • 42 | 목표를 향해 돌진하는 운명의 기운 · 5 • 43 | 지

혜의 빛을 발휘하는 운명의 기운·6·44 | 운명의 기운·1·46 | 소통이 잘 되는 운명의 기운·1·47 | 남에게 도움을 주는 운명의 기운·2·48 | 귀인·50 | 운명의 기운·2·52

치유가 불가능한 운명의 기운이 있다 ··· 53

변덕을 부리는 운명의 기운·1·54 | 소통이 안 되는 운명의 기운·2·55 | 정서가 메마른 운명의 기운·3·57 | 공감 능력이 없는 운명의 기운·4·58 | 겸손·60 | 겨울 바다·61 | 주식투자에 실패하는 운명의 기운·1·62 | 부동산 거래에 실패하는 운명의 기운·2·63 | 큰돈이 들어왔다가 나가는 운명의 기운·3·64 | 무개념·65

3. 갑부의 범주

갑부의 기운은 재능에서 나온다 ··· 69

기운은 사람마다 다르다·70 | 자신의 재능을 발견하라·71 | 자신의 재능을 키워라·72 | 정년 없이 일하라·74 | 성공의 법칙·75 | 갑부는 운을 벌면서 관리한다·76 | 사업가의 기운을 키워 성공한 사례·1·77 | 연예인의 기운을 키워 성공한 사례·2·77 | 체육인의 기운을 키워 성공한 사례·3·78 | 의료인의 기운을 키워 성공한 사례·4·79 | 학자의 기운을 키워 성공한 사례·5·79 | 정치인의 기운을 키워 성공한 사례·6·80 | 화가의 기운을 키워 성공한 사례·7·81 | 음악가의 기운을 키워 성공한 사례·8·81 | 금융인의 기운을 키워 성공한 사례·9·82 | 운과 사람·84

재능을 키우지 못하면 갑부가 될 수 없다 ··· 85

자신의 장단점을 정확히 파악하라 • 86 | 군인의 기운을 키우지 못한 사례·1 • 87 | 법조인의 기운을 키우지 못한 사례·2 • 88 | 사업가의 기운을 키우지 못한 사례·3 • 88 | 사업가의 기운을 키우지 못한 사례·4 • 89 | 학자의 기운을 키우지 못한 사례·5 • 90 | 공직자의 기운을 키우지 못한 사례·6 • 90 | 정치인의 기운을 키우지 못한 사례·7 • 91 | 운명의 길 • 92 | 기회 • 93

4. 재산의 씨앗

근면하면 갑부가 된다 ··· 97

근면은 성공의 어머니이다 • 98 | 소원과 꿈을 품어라 • 99 | 성실하면 덕이 쌓인다 • 100 | 근면 • 102 | 소원과 꿈 • 104 | 성실과 덕 • 105 | 몸과 뇌를 바꿔라 • 106 | 미모와 옷에 신경써라 • 107 | 옷은 품격을 높여준다 • 108 | 미모 • 109 | 옷차림 • 110

생각은 재산의 씨앗이 된다 ··· 111

긍정적으로 생각하라 • 112 | 긍정의 마음을 만들어라 • 113 | 부정과 긍정 • 115 | 생활습관을 확 바꿔라 • 116 | 이사를 가는 것도 좋다 • 117 | 경험 • 118

5. 오늘과 아침

영원한 오늘을 잡아라 ··· **121**

오늘이 부와 미래를 만든다 · 122 | 오늘을 위해 최선을 다하라 · 123 | 오늘 · 1 · 124 | 오늘 · 2 · 125 | 오늘 · 3 · 126

아침은 황금이다 ··· **127**

기적은 아침 5시에 일어닌디 · 128 | 새벽 · 130 | 아침 까치 · 132 | 아침형 인간은 두 배로 산다 · 134 | 아침에 하는 독서가 좋다 · 135 | 아침형 인간 · 137 | 푸른 아침 · 138 | 환경과 생체리듬에 맞게 살아라 · 139 | 저녁 · 140

6. 재산과 인연

재산은 인연에서 비롯된다 ··· **143**

자기계발에 힘써라 · 144 | 사람다운 사람과 인연을 맺어라 · 145 | 좋은 인연은 가까운 곳에 있다 · 146 | 사람은 미래의 큰 자산이다 · 146 | 인연 · 1 · 148 | 인연 · 2 · 149

사람을 잘 살펴야 한다 ··· **150**

변화무쌍한 인연 · 152 | 상대방의 성향을 잘 살펴라 · 153 | 의미가 없는 인연은 정리하라 · 154 | 사람은 사람을 조심하라 · 155 | 달콤한 유혹에 넘어가지 말라 · 155 | 조건을 내세우는 사람을 조심하라 · 156 | 참사람 · 158 | 상대방의 언행을 잘 살펴라 · 159 | 대

화 중에 전화 받는 사람을 멀리하라 · 159 | 부정적인 사람을 멀리하라 · 160 | 절교도 하나의 미덕이다 · 161 | 인연 · 3 · 162 | 인연 · 4 · 163

7. 재산과 목표

목표는 재산의 출발점이다 ··· 167

늑대의 속성을 닮아라 · 168 | 낮은 곳에서부터 시작하라 · 169 | 목표를 잠재의식에 새겨 넣어라 · 170 | 숭고한 목표 · 172 | 목표 · 173 | 목표를 크게 세워라 · 174 | 목표와 방향이 운을 부른다 · 174 | 시간의 주인이 되라 · 175 | 길 · 177 | 인생목표 · 178

8. 인내와 도전

최고의 미덕은 인내이다 ··· 181

인내는 행운의 열쇠이다 · 182 | 인내는 으뜸가는 성품이다 · 183 | 성공의 원칙은 인내심에 있다 · 183 | 부와 인내 · 1 · 185 | 부와 인내 · 2 · 186

인생은 끊임없는 도전이다 ··· 187

실패를 두려워하지 말라 · 188 | 행운의 기운은 가까운 곳에 있다 · 189 | 자연 앞에선 겸손하라 · 190 | 인자는 산을 좋아한다 · 190 | 목적지가 멀면 힘차게 나아가라 · 191 | 작은 성취도 크게 생각하라 · 192 | 도전 · 1 · 193 | 도전 · 2 · 194

柔剛 유수종 작

1

재산의 범주

甲富

柳居 이창수 작

돈 만이
재산은 아니다

사람의 관심사 중의 하나는 재산이나 재물을 축적하는 일일 것이다. 재산財産이란 '교환가치를 지니는 자기 소유의 모든 돈과 사물'을 말하고, 재물財物은 '돈이나 값나가는 물건을 통틀어 이르는 말'을 의미한다.

프랑스의 경제학자 케네F. Quesnay는 "재산을 갖지 않는 사람은 일할 보람을 안 가진다. 인간은 재산에 희망을 가지고 있지 않으면, 결코 일하려 하지 않는 법이다"라는 인생과 삶에 귀감이 되는 말을 남긴다.

슈와프는 "돈 만이 재산은 아니다. ❶ 지식, ❷ 건강, ❸ 재능도 모두 소중한 재산이다. 그리고 ❹ 의지는 다른 어떠한 재산보다도 훌륭하다. 누구나 굳건한 의지가 있으면, 자기 마음대로 사용할 수 있기 때문이다"라고 역설한다.

이제는 재산의 소유 정도에 따라 사람을 평가하는 시대이다. 누구나 오랫동안 쌓아온 풍부한 지식과 건강한 체력을 바탕으로 타고난 재능을 키우고 의지를 굽히지 않으면, 자신의 직업 분야에서 갑부甲富가 될 수 있다.

지식은 큰 재산이 된다

지식知識의 가치는 무한하다. 즉 지식을 응용하면 원하는 부富를 누릴 수 있다. 지식은 '교육이나 경험, 연구를 통해 얻은 체계화된 인식의 총체'를 의미한다. 페르시아의 시인 사디Sa'di는 "지식은 부의 영구한 샘이다"라고 하면서, 지식과 부의 소중함을 강조한다.

즉 지식은 힘과 동의어로 사용할 정도로 힘 이상의 것이 된다. 인간은 돈으로 모든 것을 살 수는 있어도 지식만은 안 된다. 특히 '황금을 파내는 것'과 같은 값진 지식은 금방 얻어지거나 축적되는 것이 아니다.

그리스의 철학자·박식가 아리스토텔레스Aristotle는 "인간은 태어나면서부터 알고 싶어 한다"라고 설파한다. 마치 저 하늘의 태양처럼 찬연히 빛나는 지식은 인간에게 있어서 가장 필요한 무기이며 큰 재산이 된다.

지식은 놀라운 저작著作의 기초로서, 그 어떤 기술이나 무기보다 매우 강력한 힘을 지니고 있다. 따라서 알면 알수록 점점 확장되고 늘어나는 지식은 매일매일 연마하고 향상시키지 않으면 줄어든다.

건강은 제일의 재산이 된다

미국의 사상가·시인 에머슨R.W. Emerson은 "건강은 제일의 부富이다"라고 강조한다. 속담에도 '건강보다 나은 부는 없다'라는 말도 있다. 그만큼 건강은 재산 이상으로 소중하고 중요하다는 뜻이다.

월러스 D. 워틀스도 '인생에 내걸어야 하는 3가지 목표'에서 그는 '건강한 몸만들기'를 부의 첫 번째로 꼽고 있다.

올바른 식습관이나 꾸준한 체력단련과 여행, 등산 또는 가벼운 마음으로 오솔길을 걷는 것도 건강관리에 좋은 방법이 된다. '걷기만 해도 병의 90%가 낫는다'라는 연구도 있다.

사람은 우선 몸이 건강해야 공부도 열심히 하고 일도 잘할 수 있다. 그리스의 철학자·박식가 아리스토텔레스Aristotle는 "건강은 가장 자랑할 만한 육체의 아름다운 특질이다"라고 강하게 주장한다.

사람은 건강한 체력과 정신이 뒷받침돼야 부를 축적할 수 있다. 영국의 철학자 베이컨F. Bacon은 "건강한 몸은 정신의 사랑방이며, 병든 몸은 감옥이다"라고 설파한다. 그만큼 건강은 사람에게 있어서 매우 귀중하고 성스러운 것이다.

재능은 최고의 재산이다

재능才能은 '재주와 능력을 아울러 이르는 말'이다. 즉 재능은 오랫동안의 피나는 노력과 근면에 의존해서 얻어진 인내의 결과물이라 할 수 있다. 속담에 '재능은 인간의 힘 속에 있는 것이다'라는 말도 있다.

갑부가 되려면 인간의 힘 속에 내재 된 재능을 세상 밖으로 꺼내서 적극적으로 활용해야 한다. 재능은 자기 자신의 힘을 믿고 의지할 수 있는 것으로서, 견디기 힘든 고통과 거친 파도와 싸우면서 어렵게 이루어낸 것이다.

미국의 시인·사상가 에머슨R.W. Emerson은 "인간은 누구나 타고난 천직이 있다. 재능이 바로 그것이다"라고 강조하였고, 영국의 철학자 베이컨F. Bacon은 "나면서부터 타고난 재능은 마치 자연수와 같다"라고 피력한다.

누구나 타고난 재능이 있으면 감추지 말고, 자신의 능력을 마음껏 펼치면서 발휘해야 한다. 훌륭한 솜씨를 칼집에 넣고 그대로 두면 이내 녹 쓴다. 타고난 재능을 키우고 적극적으로 활용하면 누구나 갑부가 될 수 있다.

의지도 큰 재산이 된다

의지意志는 '어떤 일을 이루려는 적극적인 마음'을 말한다. 유의어는 결심·실천 등이 있다. 슈와프는 "쌓아 놓은 재물보다 굳은 의지에서 얻는 행복이 사람에게는 훨씬 크다"라고 힘주어 강조한다.

속담에 '사람의 의지는 하늘을 움직인다'라는 말도 있다. 인간은 누구나 일을 해 보려는 끈질긴 집념과 강한 의지가 있으면, 어떤 고난이나 어렵고 힘든 일도 슬기롭게 극복할 수 있다. 이제라도 갑부가 되겠다는 강한 의지와 절실함을 가지면, 인생을 넉넉하고 풍요롭게 바꿀 수 있다.

프랑스의 철학자 베르그송Henri-Louis Bergson은 "사람에게는 두 가지의 의지가 있다. 하나는 위로 올라가는 굳은 의지, 또 다른 하나는 아래로 내려가는 나약한 의지이다. 이 두 가지는 자신의 내부에서 서로 싸우고 있다"라고 주장한다.

이 두 가지 의지 중에 하나를 선택하는 것은 자기 자신에게 달렸다. 사람은 의지가 약하면 쉽게 흔들리지만, 강하면 성공해서 갑부가 될 수 있다. 흔히 '큰 부자는 하늘이 내린다'라고 하지만, 작은 부자는 의지와 노력으로 타고난 재능을 키우면 얼마든지 가능하다. 굳건한 의지를 품고 도전해 보라. 꿈은 뜻한 대로 이루어 진다.

지식과 부

지식이 쌓이면
혜안이 열리고

혜안이 열리면
부가 보이리라.

건강과 부

건강한 체력과
해맑은 정신은

부를 일으키는
달콤한 양분이다.

재능과 부

인간의 내면에
존재하는 재능

타고난 자신의
재능을 알아야

갑부의 기운
키울 수 있다.

의지와 부

의지가 있는 곳에
일과 성공이 있고

재물이 있는 곳에
식食과 행복이 있다.

재산은
인간의 커다란 욕망이다

디즈레일리B. Disraeli는 "재산은 단순히 공원 · 궁전 · 논밭, 여러 가지 형식의 애호물, 금전의 봉사, 그림의 컬렉션collection에서 이루어지는 것이 아니다. 마음의 애정愛情이야말로 커다란 재보財寶이며, 올바른 사람의 동정同情은 때로는 재산에 맞먹는 것이다"라는 명언을 남긴다.

우리 주변에는 가진 게 적어도 애정어린 마음으로 이웃을 돕고, 또 어려운 처지에 놓여 있는 분들에게 동정을 베푸는 사람도 많이 있다. 그러나 자신이 생각한 대로 삶을 누리고, 소유하고 싶은 것을 모두 손에 넣을 수 있는 사람은 오직 갑부뿐이다.

재산은 인간의 커다란 욕망의 대상이다. 그러나 부정한

방법으로 재산을 축적하면 안 된다. 영국의 역사가 칼라일T. Carlyle은 "재보財寶는 불과 같은 것이다. 아주 유익한 머슴인가 하면, 때론 제일 무서운 주인이기도 하다"라는 의미심장한 말을 남긴다.

화폐경제 하에서 재산은 돈과 서로 바꿀 수 있는 것이므로 재산은 돈과 거의 동의어처럼 사용한다. 보통 일상생활에서 재산이 많은 사람을 돈이 많은 사람 또는 부자, 갑부, 재벌 등으로 부르기도 한다.

재산의 일반적인 개념

재산財産의 일반적인 개념은 '재화와 자산을 통틀어 이르는 말'로 정의된다. 즉 ❶ 보석·귀금속 같은 가치 있는 물건과 ❷ 동산·토지·주택 등의 부동산을 통틀어 이르는 말이다. 돈으로 바꿀 수 있는 것은 모두 '재산'이라고 할 수 있다.

지적인 노력에 의해 창작된 상품에 부여된 재산을 '지식재산권' 또는 '지적재산권'이라 한다. 즉 '문학·예술 및 과

학작품, 연출이나 예술가의 공연·음반 및 방송, 발명이나 과학적 발견, 상표·상호 등에 대한 보호 권리와 공업·과학·문학 또는 예술 분야의 지적 활동에서 발생하는 기타 모든 권리'라고 정의하고 있다.

지식재산권은 ❶ 산업재산권(특허권, 실용신안권, 상표권, 디자인권)과 ❷ 저작권'으로 구별한다. 여기서 산업재산권은 '산업 분야의 창작물에 부여하는 배타적인 권리'이고, 저작권은 '문화·예술 분야의 창작물에 부여하는 배타적인 권리'를 말한다.

재능에 맞는 재산을 취득하라

재산의 종류도 다종다양하다. 그러나 한 사람이 '재산의 종류'에 나온 것을 모두 소유하는 것은 불가능하다. 현재 자신이 처한 여건, 타고난 자신의 재능이나 기술 등과 잘 맞는 것을 선택해서 취득하면 될 것이다.

속담에 '친구 따라 강남간다'라는 말이 있다. 필자가 만난 사람 중에 친구와 함께 주식에 투자했다가 재산을 몽땅 날린 사람이 있다. 주식이나 부동산에 투자해서 부를 축적하는 '운명의 기운'은 따로 있다. 친구 따라 투자한다고 해서 될 일은 아니다.

필자는 부동산을 비롯해서 타고난 나의 재능과 능력에 맞는 음반제작·저작권·음원권·전자책·인세·방송·진로상담 컨설팅 등 지식재산권 등에 집중하고 있다. 재산은 그때그때 시대의 흐름이나 환경의 변화에 따라 적절하게 늘리면 된다.

장점을 살려 부수입을 창출하라

이 세상에는 재테크를 잘하는 분들이 많다. 어떤 분은 커피값이나 생활비를 줄여서 달러, 금, 그림, 미국 배당주(현금을 배당하는 대신, 주주들에게 무상으로 나누어 주는 주식) 등에 투자해 수입을 창출하는 분도 있고, 또 어떤 분은 전자책, 콘텐츠, 강연, 앱테크, 펀드, 스마트 스토어, 유튜브 방송 및 광고, 블로그 활용 등으로 수익을 내는 분도 있다.

　재산을 축적할 때는 자신의 재능에 맞는 분야를 정하는 것이 중요하다. 그리고 재테크 방향이나 분야가 정해지면 관련 서적을 찾아 공부하고, 그 분야의 정통한 전문가나 사람들과 교류하고 인연을 맺어야 한다. 인생의 목표와 분야가 같은 사람을 만나야 긍정의 기운을 받을 수 있다.

재산 3종 세트

사업을 일으키고
토지를 소유하고
저축을 많이해야

오늘날
진정한 재산
3종 세트라 하리.

柔剛 유수종 작

2

운명과 기운

甲富
柳居 이창수 작

사람마다
운명의 기운이 있다

운명運命이란 '인간을 포함한 우주의 일체를 지배한다고 생각되는 초인간적인 힘'을 말하고, 기운氣運은 '생물이 살아 움직이는 힘', '어떤 일이 돌아가는 형편'을 뜻한다.

독일의 작가·철학자 괴테Goethe는 "사람의 운명은 바람과 비슷하다"라고 주장한다. 운명은 형체가 없고 눈으로 확인할 수 없는 바람과 같은 것이라서 사람들은 쉽게 믿지 않는다. 그러나 운명과 기운은 분명히 존재한다.

중국의 사상가·정치가 공자孔子는 "군자가 가장 두려워하는 것이 운명이다"라고 설파한다. 운명과 기운을 바르지 못한 헛된 미신美神이라고 생각하고 받아들이지 않으면, 나중에 큰 낭패를 볼 수도 있다.

운명과 기운은 사람이 삶을 살아가는데 여러 가지로 영향을 미친다. 고대 그리스의 철학자 클레안테스Cleanthes는 "운명의 여신은 운명을 받아들이는 사람에게는 긍정적으로 이끌어 주지만, 받아들지 않는 사람에게는 부정적인 방향으로 끌어당긴다"라고 주장한다. 우리는 그의 주장을 곱씹어 볼 필요가 있다.

멀티 탤런트 운명의 기운 · 1

운명의 기운은 날 때부터 타고난다. 노력과 인위적으로 만들어지는 것이 아니다. 수많은 사람이 자신의 타고난 운명과 기운을 제대로 알지 못한 채 살아간다. 사람 중에는 '무에서 유를 창조하는 멀티 탤런트multi talent 운명의 기운'을 가진 사람이 있다.

독일의 철학자 니체Nietzsche는 "창조라고 하는 것은 인간의 목표를 창조하고, 대지에 그 의미와 미래를 주는 사람이다"라고 주장한다. 사실 '무에서 유를 창조하는 운명의 기

'운'은 선천적으로 가지고 태어난다.

사람이 무작정 열심히 노력한다고 해서 될 일은 아니다. 필자와 L변호사, P배우, B교수의 타고난 운명의 기운은 학자, 작가, 배우, 감독, 판검사, 변호사, 음악가, 공무원, 예술가, 미래학자 등이 잘 맞는다. 즉 다방면에 재능이 많은 멀티 탤런트이다.

타고난 운명의 기운은 화술이 뛰어나며 사교적이고, 추진력과 자신감이 강하고, 항상 새로운 일을 시작하고, 매사에 적극적이며 어떤 어려움도 헤쳐나가고, 활동적이며 잠재능력이 많고, 타고난 재능을 마음껏 발휘하고 뿌린 대로 거두는 운명이다.

사업이 잘 되는 운명의 기운 · 2

이 세상에 완벽한 사람은 없다. 즉 사람은 완벽한 존재가 아니라는 뜻이다. '유태인 법칙' 중에 '78 대 22의 법칙'이라는 것이 있는데, 사이토 히토리는 "사람이 하는 일이 아무리 잘해도 '78%'가 최고다"라고 설파한다. 즉 사람들은 나머지 22%를 채우기 위해 열심히 일하면서 산다는 것이다.

복福은 '한집에서 거느리고 사는 식구'와 같은 것이며 대체로 하늘이 내린다. 그러나 복은 얻지 않으면 찾아오지 않고, 지키지 못하면 어디론가 훌쩍 떠난다. 하늘은 적극적으로 복을 구하는 사람을 도와준다.

사업도 무조건 열심히 한다고 해서 잘되는 것은 아니다. 선천적으로 '사업가의 기운'을 가지고 태어나야 한다. 필자와 자주 교류하고 있는 Y의원, L시장, N총장, L회장, L대표 등은 사업가, 작가, 심리학자, 금속공예가 등이 잘 맞는다.

타고난 운명의 기운은 사업이 잘돼 금전운이 높고, 화려한 것을 좋아하고, 남에게 상처를 주거나 받는 것도 싫어하고, 마음이 넓고 인정이 많은 편이고, 인맥이 넓고 남을 돌보는 것을 좋아한다. 그들은 각자 대학과 회사를 경영하고 있다.

명예가 따르는 운명의 기운 · 3

'명예라는 보물은 황금을 능가한다'라는 속담처럼 '명예는 많은 재산보다 소중하고, 존경은 금은보화金銀寶貨보다 낫다'라고 한다. 사회에서 명예를 얻는 것도 큰 축복이다. 예를 들면 명예회장, 명예박사 등은 그만한 능력과 자격조건, 덕망을 갖춰야 얻을 수 있다.

특히 명예란 '대외적인 평판이나 자긍심과 같은 추상적인 가치'를 말한다. 명예가 높아지면 자신의 인지도나 명성 등이 올라가게 된다. 그러다 보면 수입도 자연스럽게 올라갈 수 있다.

그래서 명예를 가볍게 여기거나 낮춰보면 안 된다. 속담에 '명예는 얻기 어렵고 잃기는 쉽다'라는 말이 나온다. 자신의 명예를 존중하고 높이려면, 늘 좋은 사람을 만나 사귀고 교류해야 한다.

필자의 지도교수 L과 C부시장, P국장, S국장, K박사, K화백 등은 '명예가 잘 따르는 운명의 기운'을 가지고 태어났다. 타고난 직업적성은 학자, 대학총장, 의사, MC, 중재자, 연예인, 성직자 등이 잘 맞는다. 특히 L교수는 D대학 총장을 역임했다. 타고난 운명의 기운은 남에게 커다란 도움을 주고, 중재자 역할을 잘하고, 정신적 리더로서 예의와 원리원칙을 중요시 한다.

승부 욕이 강한 운명의 기운 · 4

손자병법에 "용병을 잘하는 사람은 먼저 적을 이길 수 있도록 준비해 두고, 적과 싸워 승리할 수 있는 기회를 기다린다"라는 말이 나온다. 승리는 가장 끈기 있고 용감한 사람에게 돌아간다. 그래서 승리는 아름다운 것이다. 참다운 승리는 역경과 고난을 딛고 얻은 승리이다.

필자가 만난 G사장, H대표 등은 '승부 욕이 강한 운명의 기운'을 가지고 태어났다. 이런 운명과 기운도 선천적으로 타고난다. 노력한다고 해서 쉽게 얻어지는 것은 절대 아니다. 타고난 직업적성은 공무원, 군인, 경찰, 유통업, 엔터테인먼트 CEO 등이 잘 맞는다.

타고난 운명의 기운은 파워와 결단력이 있고, 위험을 무릅쓰고 돌진함으로써 승리를 쟁취해 자신의 뜻을 이루고, 진취적이면서 역동적이고, 강직하면서도 리더십과 추진력이 있다. 특히 G사장은 직원 500명이 근무하는 큰 기업의 대표로 재직하고 있다.

목표를 향해 돌진하는 운명의 기운 · 5

마치 멧돼지나 코뿔소가 사납게 달려가거나 무언가를 쫓는 모습처럼 세차게 앞으로 막힘없이 나아가는 것을 '돌진'이라고 한다. 사람 중에 '목표를 향해 거침없이 돌진하는 운명의 기운'이 있다.

이런 사람은 사막에 내놔도 살아 돌아올 수 있는 용기와 배짱이 있다. 필자가 만난 L의원, P시장, P대표의 타고난 직업적성은 정치인, 변호사, 공무원, 경제학자, 사업가 등이 잘 맞는다.

타고난 운명은 목표를 향해 용기 있게 돌진하고, 인내심과 자신감이 강하고, 온갖 어려움을 슬기롭게 극복하고, 내면의 힘으로 스스로 자수성가自手成家 하고, 무한대의 능력으로 불가능을 가능으로 만드는 의지력이 있다.

L의원은 대학교수·장관·국회의원을 역임하였고, P시장은 평생 정치인으로 지역주민을 섬기고 있고, P대표는 자신의 사업 분야에서 성공적으로 꾸준히 매출을 신장시키고 있다.

지혜의 빛을 발휘하는 운명의 기운 · 6

성경에 "지혜를 찾으면 얼마나 행복하랴! 슬기를 얻으면 얼마나 행복하랴! 지혜를 얻는 것이 은보다 값지고, 황금보다 유익하다"라는 말이 나온다. 지혜智惠라는 미덕은 모두 신의 영역에 속한다. 이는 인간의 것이 아니라 신의 축복으로 주어지는 것이다.

세상에 신이 이루지 못한 것은 하나도 없다. 그래서 지혜는 신이 만든 위대한 작품이다. 행복한 생활은 덕에 의한 생활이고, 샘물은 마시면 마실수록 힘이 강해진다. 영혼을 일깨우는 맑은 샘물은 영원히 마르지 않고 또다시 솟는다.

사람 중에는 '지혜의 빛을 발휘하는 운명의 기운'이 있다. 지혜는 지식을 능가하며 오로지 진리 속에만 존재한다. 지혜는 배우는 것이 아니라 타고난다. 필자가 만난 C단장, K대표, J대표 등은 학자, 의사, 한의사, 심리학자, 카운슬러 등이 잘 맞는다.

타고난 운명의 기운은 선견지명과 통찰력이 있고, 머리가 좋아 기억력이 뛰어나고, 신중하고 상담을 잘 한다. 이런 사람은 초년에 고생하지만 나이가 들면 성공한다. 특히 J대표는 심리학에 대한 깊은 혜안과 지식을 가지고 있다.

운명의 기운 · 1

소소한 것에 연연하면
한없이 작아지고

큰 뜻 품으면
행동 대범해 진다

자고로 사람은
거대한 기운 떨치고

상상의 나래 펴야
원대하게 이루어지리라.

소통이 잘 되는 운명의 기운 · 1

친구의 소개로 고향 후배를 만난다. K박사는 메모장에 필기를 하면서 진지하게 경청한다. K박사는 "저는 조심하라고 조언을 해주면 조심하고, 좋다고 하면 더 열심히 노력합니다"라고 하면서 처음부터 마음의 문을 활짝연다.

사람을 만나 상담을 해보면 여러 가지로 반응을 한다. ❶ 메모를 하면서 진지하게 경청하는 사람, ❷ 자신이 신봉하는 종교를 앞세워 처음부터 귀를 막는 사람, ❸ 듣는 듯하면서 건성으로 듣는 사람, ❹ 처음부터 실천할 의지가 전혀 없는 사람 등이다.

오지혜는 '갑부들만 아는 부의 습관을 ❶ 경청의 자세, ❷ 신문 정독, ❸ 자녀의 경제교육'을 꼽고 있다. '경청의 자세'는 상대방을 인정하는 것으로서, 사람의 마음을 얻는 부의 첫걸음이라 할 수 있다. '신문 정독'은 세상 돌아가는 이치를 깨닫고 통달할 수 있도록 돕고, '자녀의 경제교육'은 돈의 가치와 흐름을 읽는 방법을 가르쳐 준다.

속담에 '내년에 일어날 일을 말하면 도깨비가 웃는다'라는 말이 있다. 예측이 어려운 미래의 일을 겸허한 자세로 경청하고 받아들이는 것은 쉬운 일은 아니지만, 미래를 위해 미리 준비하고 대책을 세우는 것도 나쁘진 않을 것이다. K 박사는 명예가 높아지는 '운명의 기운'을 가지고 태어났다.

남에게 도움을 주는 운명의 기운 · 2

남에게 도움을 주는 '귀인貴人의 운명'을 가진 사람이 있다. 귀인이란 '신분이나 지위가 높고 귀한 사람'을 뜻한다. 수많은 사람을 만나 교류를 해도 귀인을 만나기는 매우 어렵다.

필자의 경험으로 보면, 1천 명 중에 1명 있을까 말까 할 정도로 귀인을 만나는 것은 하늘의 별 따기만큼 어렵다.

귀인을 만나 인연을 맺는 것도 하늘의 뜻이다. 인연은 맺고 싶다고 해서 쉽게 맺어지는 게 아니다. 길에 있는 돌도 연분이 있어야 발로 차듯, 사람과의 만남도 인연이 있어야 이루어 진다. 모든 것이 하늘의 뜻이고 우주의 섭리이다.

    최근 필자는 졸저『성공하는 대통령의 그릇』이라는 저서를 발간했다. 소식을 접한 많은 지인이 구매를 한다. 또 어떤 분은 직접 구매를 한 뒤 주변 분들에게 증정하는 분도 있고, 언론에 보도를 해주는 분도 있고, 격려와 함께 후원금을 보내온 분도 있다. 모두 고귀한 귀인이다.

귀인貴人

인생을 살다보면

꼭 만나야 할 사람이
찾아오는데
그가 바로 귀인이다

귀인은
고귀한 사람으로서
설렘과 감동을 주고

나를 잘 될 운명으로
인도해 주는
매우 귀한 사람이니

원만한 인간관계로
연緣을 맺어
내 사람으로 만들면

그로 인해
운세가
길吉하게 바뀌리라.

운명의 기운·2

군자도 두려워하는
바람 같은 운명

언제 어디서
어떻게 나타나는지

도통 알 수 없는
기운이지만

잘 받아들이면
좋은 일 있으리라.

치유가 불가능한
운명의 기운이 있다

필자는 수년간 각계각층의 사람들을 만나 교류하면서 풍수와 진로상담, 창업, 선거전략 컨설팅 등을 하고 있다. 많은 사람을 만나 상담을 하다 보면 '치유治癒가 불가능한 사람'을 만나기도 한다.

어느 날 지인의 소개로 K회장을 만난다. 나는 그의 생년월일을 본 순간, "아뿔싸 왜 이런 기운을 가지고 태어났을까?" 그의 타고난 운명에 대해 단순히 '나쁘다'라고 할 수도 없고, 그렇다고 마냥 '좋다'고만 말할 수도 없는 난감한 상황이 벌어진다.

이런 분은 하루 종일 변덕을 부린다. 늘 비밀이 많고 수동적이며, 언제 어떻게 변할지 아무도 모른다. 나중에 알게 되지만 자신이 세운 계획은 하나도 실천하지 못한다. 공상과 망상이 많아 계획성이 없는 일을 잘 꾸미는데 마치 '돈키호테' 같다.

이런 운명을 타고난 사람은 무수히 많으며, 그들은 금전운이 약해 주식이나 부동산 등에 투자하면 절대로 안 된다. 어쩌다 운 좋게 작은 이익을 챙길 수도 있겠지만, 나중에 가서는 크게 손해를 본다. 그들은 인간관계와 부부생활, 단체생활도 잘 적응하지 못한다.

변덕을 부리는 운명의 기운 · 1

상담이 끝나기 무섭게 변덕을 부리는 사람이 있다. 귀담아듣는 듯하면서도 뒤돌아서면 곧바로 약속이나 마음을 수시로 바꾼다. 어느 날 필자는 B박사와 약속을 한다. 그런데 약속 날짜가 다가오자 3시간 전에 핑계를 대면서 다음으로 미루자고 한다.

1개월 후 다시 약속을 잡는다. 그날도 3시간 전에 다른

구실을 대면서 또다시 뒤로 미루자고 부탁해 온다. 나는 그때부터 그의 기운을 분석한다. 예측한 대로 B박사는 그다음 세 번째 약속도 어김없이 어긴다. 나는 연락처를 차단한다.

간혹 이런 기운을 가진 사람을 만나 상담을 하지만, 진지한 조언과 치유가 불가능하다. 이런 분은 자신이 소속된 조직이나 단체에 혼란을 끼칠 수 있으며, 인간관계도 순탄하지 못하다. 혼자 살아야 하는 운명이다.

특히 이런 분과 동업을 하거나 계약체결, 프로젝트 추진 등 중요한 일을 도모하면, 큰 낭패를 보거나 손해를 볼 수 있다. 타고난 직업적성은 성직자, 학자, 작가, 연구직 등 1인 직업이 잘 맞는다.

소통이 안 되는 운명의 기운 · 2

사람의 입은 하나이고 귀는 둘이다. 이것은 '말을 많이 하기보다는 듣기를 두 배로 하라'라는 뜻이다. ❶ 남의 조언을 귀담아 들어주는 사람이 있는가 하면, ❷ 건성으로 듣는 사람이 있다.

또 어떤 사람은 ❸ 귀를 막고 듣지 않는 사람도 있고, ❹ 방금 나눴던 얘기를 고자질하는 사람도 있다. 이 중에서 가장 옳지 못한 사람은 '방금 나눴던 얘기를 다른 사람에게 고자질하는 사람'이다.

사람 중에는 소통이 어렵고 건성으로 듣는 사람이 있다. 이런 분은 얌전히 있지 못하는 성품으로 대체로 말을 많이 하는 편이다. 또 안정보다는 새로운 것을 좋아하는 타입이다. 간혹 행동과 말이 따로 일 때가 많고 성격이 우유부단하다.

지인의 소개로 Y대표가 운영하는 사업장을 방문해서 풍수와 사업 타당성을 조사하고 분석해서 알려줬지만, 역시나 결단을 내리지 못하고 귀를 막고 건성으로 듣는다.

이런 분은 아름다운 것을 추구하는 등 왕자병·공주병의 기질을 가지고 있으며 일을 많이 벌리기만 하고, 제대로 수습收拾을 못하는 운명이다.

정서가 메마른 운명의 기운 · 3

필자가 미래학을 공부할 때 자주 교류하는 분들에게 무료로 상담을 해준 일이 있다. 한 사람당 적게는 한두 번 정도, 많게는 수십 번까지 성실하게 상담을 해줘도 도무지 귀 기울여 듣지 않는 사람이 많다.

오랫동안 성심을 다해 상담과 조언을 해준 사람은 주로 학자, 정치인, 기업인, 연예인, 공무원, 성직자, 일반인 등 무수히 많다. 그들은 공통적으로 정서가 메말라 있어 소통하기가 매우 힘들다. 또 가슴이 답답할 정도로 앞뒤가 꽉 막혀있다.

이런 분은 목적의식이 높고 물질적인 것에는 관심이 많지만, 상대방에 대한 배려심이 전혀 없고 베풀 줄 모른다. 자아가 강해 고집이 세고 권위적이며, 자신을 낮추는 법이 없다. 또 집요하게 따지며 상대방을 피곤하게 만든다.

특히 주변 사람들의 말을 잘 안 듣는 경향이 있고, 상대방을 무조건 무시하면서 아래로 본다. 그리고 열심히 상담을 해줘도 실천을 하지 않는다. 이제라도 마음의 문을 열고 겸손한 자세로 타인과 공감하며 살아가면 행운의 문이 열릴 것이다.

공감 능력이 없는 운명의 기운 · 4

공감 능력이란 '타인의 감정과 상황을 이해하고 배려하는 능력'을 말한다. 요즘 사람을 만나 국제정세에 대해 대화를 나눠보면, 그 사람의 공감 능력을 알 수 있다. '인간은 생각하는 갈대이다'라는 말이 있다. 그러나 아무 생각이 없는 사람은 그냥 갈대인 것이다.

우리 국민의 80% 이상이 '일본의 후쿠시마 핵 오염수 방류'를 반대하는 것으로 조사됐다. 그러나 국민 중 일부는 후쿠시마 핵 오염수 방류를 찬성하고 있다. 그들은 어느 나라 사람인지 묻지 않을 수 없다.

국민과 어민·수산업 관계자들은 큰 타격을 입지 않을까 노심초사하고 있는데, 그들은 하나같이 "마실 수 있다!" "안

전하다!"라고 하면서, 국민을 기만하고 무책임한 말을 쏟아내는 등 자기만의 세계에 빠져 있다.

　게리 바이너척은 "공감 능력은 인간관계의 기본으로서, 내가 세상의 이야기를 듣는 방법이다"라고 강조한다. 그는 또 "종교색이 강하면 공감 능력이 떨어진다"라고 재차 강조한다. 이처럼 그들은 세상의 이야기를 전혀 듣지 않고 있다.

　공감 능력이 없는 사람은 사려 깊지 못하고 단순하다. 그들은 문제의 본질을 전혀 파악하지 못한 채 이기심과 무관심으로 병들어 있다. 또 해양 생태계에 대한 깊은 생각과 눈치가 전혀 없는 사람들로서, 인류의 희망이자 풍족한 먹거리로 가득한 바다의 소중함을 모르고 있다. 가까이하면 안 된다.

겸손

나를 위로 올리면
끝없이 낮아지고

아래로 내리면
한없이 높아지리라.

겨울 바다

겨울 오면 바다에 나가
미역 다시마도 건지고
무 배추도 씻고
농사지은 콩으로
두부도 만들어 먹는다

높은 파도일 때는
야성적이고 무섭지만
바다는 우리에게
풍족한 먹거리와 몸을
아낌없이 내어준다

그래서 바다는
넓은 가슴에 창망하고
인생의
아픈 상처 감싸주는
포근한 어머니 품 같다.

주식투자에 실패하는 운명의 기운 · 1

주식시장 등이 활성화되면 많은 사람이 앞다퉈 투자를 한다. 일부 투자자는 재미를 보지만, 어떤 사람은 매번 큰 손해와 실패를 거듭한다. 어느 날 필자는 주식에 투자하면 절대 안 되는 사람을 만난다.

나는 S박사에게 "주식에 투자하면 반드시 실패합니다"라고 하면서 입에 침이 마르도록 수차례 조언을 해준다. 하지만 그는 말이 끝나기 무섭게 그날 밤에 1억 원 어치의 주식을 산다. 결과는 바로 나왔는데, 그다음 날 아침 모두 휴지조각이 됐다.

일전에도 거래 은행의 권유로 주식에 투자했다가 이미 수억 원을 손해 본 그는, 아무리 조언을 해줘도 소용이 없는 운명의 기운을 가지고 태어났다. 행운이 찾아와도 받아들이지 않고, 상대방의 말을 실천할 의지가 전혀 없는 그는 정말 구제 불능의 기운을 가졌다.

부동산 거래에 실패하는 운명의 기운 · 2

어느 날 지인의 소개로 수도권에 위치한 도시를 방문한다. 땅은 시내의 중심가에 면해 있고, 주변은 고층 아파트가 들어서 있다. 토지 관리자 H대표는 "땅값이 수백억 원 나갑니다"라고 하면서 한껏 자랑을 한다.

나는 그분의 생년월일을 받아 분석해 본 후 주변을 둘러본다. 그다음 날 그분에게 "그 땅은 절대 거래하면 안 됩니다. 현재 그 땅은 물속에 잠겨 있는 형국을 하고 있습니다. 땅을 매매하거나 활용하면 큰일 일어납니다"라고 강한 어조로 설명해 준다.

그의 타고난 '운명의 기운'은 남의 말을 귀담아듣지 않는 사람으로서, 주식이나 부동산에 손을 대면 큰 손해를 보는 기운을 가지고 태어났다. 그 후 그는 필자와 상의 없이 토지 소유주와 땅을 담보로 은행에서 수십억 원을 대출받았는데, 지금 큰 어려움에 직면해 있다.

큰돈이 들어왔다가 나가는 운명의 기운 · 3

돈을 많이 버는 것도 중요하지만, 잘 관리하고 지키는 것이 더 중요하다. 어느 날 지인의 소개로 N대표를 만난다. 그는 사업이 잘돼 큰 재산을 모았다. 그런데 그의 생년월일을 분석해 보니, '큰돈이 들어왔다가 다시 큰돈이 나가는 기운'을 가지고 태어났다.

이런 분은 통이 크고 생활력과 추진력이 강해 뭐든 열심히 해서 큰 재산을 모으지만, 의외로 경제 관념이 없어 곧바로 재물이 흩어진다. 남에게 함부로 돈을 빌려주거나 지나치게 선심을 베풀면, 나중에 자신에게 남는 건 하나도 없다. 돈 관리에 각별히 신경을 써야 할 것이다.

무개념無概念

입은 하나
귀는 둘

말은 적게
듣는 건 두 배

뜻은 알지만
실천이 어렵다.

柔剛 유수종 작

3

갑부의 범주

柳居 이창수 작

갑부의 기운은
재능에서 나온다

　이 세상에는 수많은 직업이 존재한다. 그중에는 사라지는 직업도 있고, 새롭게 떠오르는 신종직업도 있다. 직업의 종류도 셀 수 없을 정도로 다종다양하다. 직업과 재능은 선천적으로 가지고 태어난다.

　프랑스의 조각가 로댕F.A.R. Rodin은 "현대인의 최대 결점은 자기의 직업에 대하여 애착심을 갖지 않는다"라고 설파한다. 사람은 어느 한 분야에서 갑부가 되기 위해서는 자신이 타고난 직업적성과 재능에 대한 집념이나 애착심을 가지고 일을 추구해야 한다.

　스페인의 소설가 세르반테스M. de Cervantes는 "사람은 누구나 자기의 직업에 좌우된다"라고 주장한다. 인간의 일생에 가장 중요한 것은 자신의 타고난 재능과 직업적성에 잘 맞는 직업을 선택해야 한다. 그것은 갑부의 기운이 재능才能에서 나오기 때문이다.

이 순간부터 성공하고 싶으면, 직업적성에 나온 타고난 자신의 재능을 발견하고 키워야 원하는 직업과 재물을 모을 수 있다. 직업은 생활의 목적으로서 인생 최고의 가치이자 환희이며 행복인 것이다. 현명한 직업 선택으로 재물이 쌓이면 인생이 즐겁다.

기운은 사람마다 다르다

시중 서점에는 부자, 백만장자, 서민 갑부 등에 관련된 좋은 책이 많이 나와 있다. 그러나 책에 나온 대로 무조건 모방한다고 해서 모두 성공하고 갑부가 되는 것은 아니다. 그것은 사람마다 타고난 환경이나 직업적성, 재능이 다르기 때문이다.

전술한 바와 같이 사람에 따라 '학자의 기운'을 가진 사람, '작가의 기운'을 가진 사람, '사업가의 기운'을 가진 사람, '연예인의 기운'을 가진 사람, '정치인의 기운'을 가진 사람, '법조인의 기운'을 가진 사람, '공직자의 기운'을 가진 사람 등 개인마다 '타고난 기운'이 서로 다르다.

따라서 갑부가 되기 위해서는 우선 자신의 타고난 재능을 발견하고, 책에서 소개된 재산을 모으는데 필요한 기본소양과 자세 바로 하기, 재테크 방법과 인내심 키우기, 뚜렷한 목표와 생활습관 기르기 등 부의 첫걸음에 필요한 것을 하나하나 실천하는 것이 중요하다.

자신의 재능을 발견하라

생년월일을 분석해 보면, 그 사람의 전반적인 '운명의 기운'과 선천적으로 가지고 태어난 '재능과 직업적성' 등을 알 수 있다. '타고난 자신의 재능'은 필자와 상담을 통하면 상세하게 알 수 있다.

보통 직업적성에는 학자, 의사, 작가, 군인, 정치인, 공무원, 기업인, 종교인, 법조인, 금융인, 연예인, 체육인, 의료인, 기능인 등 무수히 많은 직업이 나온다. 이러한 직업은 선천적으로 가지고 태어난다. 그러나 타고난 재능에 없는 직업을 선택하면, 가는 길이 힘들고 성공하기도 어렵다.

필자가 만난 사람들 중 일부는 운 좋게도 타고난 자신의 재능을 살려 성공한 사람도 있고, 개중에는 길을 잘못 들어서 어려움을 겪고 있는 사람도 많다. 속담에 '송충이는 솔잎을 먹어야 한다'라는 말이 있다.

사람은 가장 먼저 자신의 타고난 재능을 발견하는데, 모든 에너지를 쏟아부어야 한다. 만약 타고난 자신의 길을 가지 않으면, 어려움과 곤경에 처하게 되거나 앞으로 나아가지 못한 채 발전과 성장이 둔화鈍化될 수도 있다.

자신의 재능을 키워라

런던과 취리히에서 교수를 역임한 독일의 시인 킹켈G Kinkel은 "사람은 자신의 운명을 자기 자신이 만든다"라고 하였고, 프랑스의 소설가·사상가 사르트르J.P. Sartre는 "운명은 인간의 손아귀에 있다"라고 강조한다.

타고난 자신의 직업적성과 재능을 미리 파악하고, 성공을 향한 투철한 의지와 열정으로 직업적성 분야에 대한 학위와 자격증을 취득하고, 필요한 정보를 수집해 자신의 내면을 성장시키고 갈고닦으면, 어느 한 분야에서 최고의 전문가가 될 수 있다.

속담에 '직職이 있으면 식食이 있다'라는 말도 있다. 그만큼 직업은 제2의 생명과 같은 것이다. 타고난 직업적성에서 가장 좋아하는 직업을 선택하고, 재능을 키워야 자신의 분야에서 대성할 수 있다.

그러나 재능에 없는 직업을 선택하면, 추진하고 있는 일에서 성공을 거두기가 매우 힘들다. 즉 학자는 학자의 길로, 정치인은 정치인의 길로, 법조인은 법조인의 길로, 기업인은 기업인의 길로, 연예인은 연예인의 길로 가야 성공하면서 갑부가 될 수 있다.

정년 없이 일하라

'유명 인사 400명을 연구한 결과, 이들의 과업 중 66%는 60세가 넘어 달성한 것으로 나타났다.' 사람들은 자신의 능력이 최고치에 달할 때 은퇴한다. 그러나 은퇴 후에도 일할 기회를 만들어 자신의 재능을 발휘해야 한다. 뇌는 쓰고 몸은 움직여야 건강하게 오래 살 수 있다.

타고난 자신의 재능을 썩히거나 스스로 과소평가하면 안 된다. 사람에 따라 다르지만, 요즘은 100세까지 건강하게 일하는 사람이 많다. 평생 탄탄하게 토대를 구축해 놓은 자신의 재능을 인식하고, 자기 자신과 사회를 위해 계속해서 활용하고 써야 한다. 재능은 쓰면 쓸수록 갑절로 늘어난다.

최근 초고령사회(65세 이상의 노년층 인구가 전체 인구의 20% 이상인 사회)에 접어든 우리나라도, 은퇴 후 일자리를 찾는 인구가 점점 늘어나고 있다. 의학의 발달로 젊게 사는 사람도 많고, 은퇴 후 제2의 인생을 사는 사람도 많다. 나이는 숫자에 불과하다. 타고난 자신의 재능을 살리면 노후가 풍요롭다.

성공의 법칙

하루가 쌓이면
일주일 되고

한 달이 쌓이면
일년 십년 되네

나날이 도약하는
귀중한 인생

매일 매일 1%씩
성취하면

백일 되는 날
100% 성공하리라.

갑부는 운을 벌면서 관리한다

운칠기삼運七技三란 '운이 7할이고 재주나 노력이 3할이라는 뜻으로, 사람의 일은 재주나 노력보다 운運에 달려 있음을 이르는 말'을 뜻한다. 사람은 근면하고 노력을 많이 해야 더불어 운도 따르게 된다. 행운의 여신도 부지런하고 성실한 사람을 좋아하고 도와준다.

부자들은 대부분 부지런하고 성실하다. 그들은 생각이 긍정적이고 진취적이다. 많이 벌면 나눌 줄도 알고 배려심도 있다. 사람은 베풀고 나누면 갑절이 되어 돌아온다. 또 그들은 실천력이 있고, 어딘가 모르게 운運을 대하는 태도도 남다르다. 그래서 부가 쌓이는 것이다.

2023년 8월 기준 세계적인 갑부는 ❶ 일론 머스크(약 302조 원), ❷ 베르나르 아르노(약 248조 원), ❸ 제프 베이조스(약 215조 원), ❹ 빌 게이츠(약 174조 원), ❺ 래리 엘리슨(약 171조 원), ❻ 워런 버핏(약 155조 원), ❼ 마크 저커버그(약 152조 원), ❽ 카를로스 슬림(약 87조 원) 등이다. 갑부의 순위는 수시로 바뀔 수 있다.

사업가의 기운을 키워 성공한 사례 · 1

타고난 자신의 재능을 살려 성공한 사례를 간략히 소개한다. 필자와 자주 소통하고 있는 그들은 모두 운 좋게도 타고난 자신의 직업적성과 재능을 충분히 키워 자신의 분야에서 승승장구 하고 있다.

'사업가의 기운'을 가지고 태어난 L회장과 L대표, 제임스 H대표는 사업 초반에는 많은 실패와 어려움을 겪었지만, 자신의 재능과 시대의 흐름에 잘 맞는 아이템을 선택해 지금도 꾸준히 매출을 신장시키고 있다. 또 그들은 자신의 직무와 관련된 분야의 박사학위도 소지하고 있다.

연예인의 기운을 키워 성공한 사례 · 2

최근 국내외의 최고 인기스타로 발돋움 하고 있는 '연예인의 기운'을 가진 분들의 성공사례이다. 가수 S를 비롯해서 K, Y, I, B, H, G 등은 모두 성공의 길을 간 사람들로서, K-pop의 붐과 함께 때마침 자신들에게 잘 맞는 직업과 재능을 발휘한 대표적인 성공사례로 꼽을 수 있다.

특히 그들은 '하늘이 내린 천상의 목소리'로 국위 선양國位宣揚과 함께 우리의 국격國格을 한층 높이면서, 국내외의 수많은 팬을 열광시키고 있다. 타고난 목소리 하나로 국내외의 음반 시장을 석권하고 있다.

체육인의 기운을 키워 성공한 사례 · 3

일찍이 '체육인의 재능'을 살려 성공한 사례를 소개한다. 그들은 모두 끊임없는 도전과 고난을 딛고 세계적인 스포츠 대회에 출전해 메달을 따는 등 체육인으로서 자신의 명예와 국격國格을 높인 분들이다.

'체육인의 기운'을 가지고 태어난 P와 S, K 등은 어린 시절부터 과학적이고 체계적인 훈련을 통해 스포츠계의 최고 스타의 대열에 오른 입지전적立志傳的인 인물이다. 그들은 끈기와 추진력이 강한 기운을 가지고 있다. 특히 불가능을 가능으로 만드는 의지력이 있다.

의료인의 기운을 키워 성공한 사례 · 4

속담에 '의사와 된장은 오래된 것일수록 좋다'라는 말이 있다. 그만큼 자신의 분야에서 전문의가 된다는 것은 쉬운 일이 아니다. 먼저 의료인이 되려면 자신의 직업적성에 '의료인의 기운'이 있어야 한다.

필자와 자주 소통하고 있는 M원장은 한의사의 길을 걷고 있다. 과거에는 공직公職에 있었지만, 중간에 직職을 사임하고 지금은 '쑥뜸' 분야의 최고 권위자가 됐다. 그분의 타고난 직업적성은 한의사, 학자 등이다. 운 좋게 자신의 타고난 재능을 마음껏 펼치고 있다.

학자의 기운을 키워 성공한 사례 · 5

필자의 주변에는 '학자의 기운'을 가진 사람들이 많다. K교수, L교수, J교수 등은 각자 자신의 직업 분야에서 오랫동안 종사를 하다가 나중에 학자가 됐다. 그들은 산업현장에서 실무경험을 쌓은 뒤, 자신의 전공 분야와 일치하는 학과에 지원해 교수가 됐다.

속담에 '학자와 거목은 급하게 만들어지지 않는다'라는 말이 있다. 명문대학에 들어가 무조건 열심히 공부한다고 해서 모두 학자가 되고, 대학교수가 되는 것은 아니다. '학자의 기운'을 가진 사람은 따로 있다.

정치인의 기운을 키워 성공한 사례 · 6

국회의원, 광역 및 기초단체장, 광역 및 기초의원 등의 선거에 출마해 당선된 사람들의 이야기이다. 우선 정치를 하려면 자신의 타고난 직업적성에 '정치인의 기운'이 있어야 한다. 필자가 만난 L의원, Y의원 등은 다선 국회의원이다.

물론 '정치인의 기운'이 없는 사람이 선거에서 당선된 사례도 있지만, 개중에는 임기를 다 채우지 못한 채 중간에 직職에서 내려온 경우도 종종 있다. 그러나 '정치인의 기운'을 가진 사람들은 당선 후 재선, 3선, 4선 등 오랫동안 직을 유지하면서 부와 명예를 누린다. 그들은 사람을 통솔하는 리더십이 있다.

화가의 기운을 키워 성공한 사례 · 7

우선 화가 되려면 타고난 직업적성에 '화가의 기운'이 있어야 한다. 무조건 열심히 그림을 그린다고 해서 누구나 유명화가가 되는 것은 아니다. 선천적으로 타고 나야 그 분야에서 대성할 수 있다.

필자와 오랫동안 교류하고 있는 P화백, C화백, K화백, Y화백 등은 자신들의 타고난 '화가의 재능'을 충분히 발휘하고 있다. 그들은 모두 개인전, 단체전, 초대전 등 전시회를 개최하면서 미술시장을 뜨겁게 달구고 있다.

음악가의 기운을 키워 성공한 사례 · 8

스페인의 소설가 세르반테스M. de Cervantes는 "음악이 있는 곳에 나쁜 것이란 있을 수 없다"라고 피력한다. 음악은 즐거움과 정신을 높이고 지친 심신을 치유해 준다. 또한 '행운의

여신도 음악을 좋아하고, 노래를 잘 부르는 사람을 돕는다'
라고 한다.

필자가 쓴 가사에 곡을 붙인 S작곡가는 일찍이 중·고교 시절부터 밴드부에서 활동할 정도로 자신의 타고난 '음악적 재능'을 키운 대표적인 성공사례로 꼽을 수 있다. 그의 작품은 다이내믹하면서도 아름다운 멜로디로 곡을 붙일 정도로 작곡계의 실력파로 널리 알려져 있다.

금융인의 기운을 키워 성공한 사례 · 9

필자와 종종 교류하고 있는 L팀장은 평생을 은행 지점장 등으로 근무하면서 타고난 자신의 '금융인의 기운'을 성실하게 키우고 있다. 그분의 타고난 직업적성은 금융인, 서비스 업종, 마케팅, 중매인 등이다. 운 좋게 타고난 자신의 재능을 마음껏 발휘하고 있다.

그는 평생 금융업에 종사하면서 익힌 노하우를 주변의 많은 고객에게 다양한 정보를 제공하면서 도움을 주고 있다. 특히 그는 사람과 사람을 연결해 주는 매개체 역할을 매우 능란하게 잘한다.

운運과 사람

사람이 운을 택하는 게 아니라
운이 갑부 될 사람을 선택하지.

재능을 키우지 못하면
갑부가 될 수 없다

선천적으로 타고난 자신의 재능을 키우지 못하면 갑부가 될 수 없다. 아무리 열심히 해도 자신의 길로 가지 않으면, 크게 발전하지 못하고 한계점에 다다르게 된다. 필자는 오랫동안 수많은 사람을 만나 상담을 하면서 많은 것을 깨닫는다.

이 세상에는 좋은 운명의 기운을 가지고 태어났어도 자신의 재능을 알지 못한 채 살아가는 사람이 많다. 필자가 만난 사람 중에는 각각 법조인, 군인, 정치인, 사업가, 학자, 공직자의 등의 기운을 가지고 태어났다.

그들은 현재 타고난 자신의 재능이나 직업적성과 전혀 상관없는 분야에서 일을 하고 있다. 그렇다고 해서 '크게 잘

못됐다', '나쁘다'라는 뜻은 절대 아니다. '타고난 자신의 길로 갔으면 지금보다 훨씬 윤택하고 풍성한 삶을 살고 있었을 것이다'라는 뜻이다.

지금은 '100세의 시대'이다. 아직 기회는 얼마든지 있다. 타고난 자신의 재능과 직업적성에 잘 맞는 직업을 선택해 관련 분야에 대한 기술을 습득하고, 국가 및 민간자격증 등을 취득해서 특기와 재능을 키워도 좋을 것이다. 인생은 늦었을 때가 가장 빠르다.

자신의 장단점을 정확히 파악하라

누구나 장점이 있으면 단점도 있게 마련이다. 장점만 있는 사람은 아무도 없다. 따라서 자기 자신의 장단점을 정확히 파악해 장점은 더욱 극대화하고, 단점은 꾸준히 보완하면 될 것이다. 자신의 장단점을 알고 나면 세상이 다르게 보일 것이다.

이 세상에 완벽한 사람은 없다. 필자도 다양한 재능과 장점이 많지만, 장점 못지않게 단점도 많다. 사람은 누구나 다 똑같다. 조물주가 인간을 만들 때 장단점을 혼합해서 만든 것 같다. 장점만 있으면 좋겠지만, 그것은 어디까지나 희망 사항이다.

군인의 기운을 키우지 못한 사례 · 1

타고난 자신의 재능을 살리지 못한 사람이 의외로 많다. 필자가 상담을 한 사람은 주로 학자, 연예인, 정치인, 종교인, 기업인, 공직자, 직장인, 예술인, 일반인 등 무수히 많다.

대학원에서 박사학위를 취득한 C는 대학에서 후학을 양성하고 있다. 그의 타고난 직업적성은 군인, 경찰 등이다. 타고난 자신의 재능을 키웠으면 장군이나 경찰 간부가 되었을 것이다. 그는 추진력이 강하고 리더십이 있어 문관文官보다는 무관武官이 잘 맞는다. 이런 분은 대학에서 정교수로 임용받기가 어렵다.

법조인의 기운을 키우지 못한 사례 · 2

필자의 주변에는 연예인으로 활동하는 사람이 의외로 많다. 그들은 연기와 노래가 좋아 연예인이 된 것이다. 그러나 그들 중 몇 사람은 '법조인의 기운'을 가지고 태어났는데, 안타깝게도 선척적으로 타고난 자신의 재능을 제대로 키우지 못하고 있다.

물론 가수로서 열심히 노력하고 연습을 하면 어느 정도의 인기를 누리겠지만, 요즘처럼 가수 지망이 넘쳐나는 시대에는 큰 스타로 부상할 가능성은 그다지 높지 않다. 하늘이 부여한 자신의 천직天職을 살렸으면, 분명 법조인으로 성공했을 것이다.

사업가의 기운을 키우지 못한 사례 · 3

지인의 소개로 상담을 한 분은 종교인이다. 생년월일을 받아 분석해 보니 종교인이 아닌 '사업가의 기운'이 나온다. 그의 외면은 종교인의 복장을 하고 있지만, 내면은 사업가의 기운을 가지고 있다.

그분께 전반적인 운명의 기운을 설명했더니 충분히 이해하고 공감한다. 그는 "어린 시절 본의 아니게 종교인의 길로 들어섰다"라고 설명한다. 타고난 자신의 길로 갔으면 아마 큰 갑부가 되었을 것이다.

사업가의 기운을 키우지 못한 사례 · 4

모처럼 제자를 만나 상담을 한다. 제자 M은 군인이 아닌 '사업가의 기운'을 가지고 태어났다. 그는 과거 군복을 입은 군인이었지만, 내면은 '사업가의 기운'이 흐르고 있다. 당시 M은 필자가 재직하고 있던 대학의 직장인반에 입학해서 주경야독晝耕夜讀을 했다.

대학 졸업 후 전역을 해서 지금은 일반 직장에 다니고 있다. 그의 타고난 직업적성은 사업가, 회사대표, 작가 등이다. 향후 타고난 자신의 재능을 살리면 사업가로서 크게 성공할 것으로 본다.

학자의 기운을 키우지 못한 사례 · 5

필자의 연구소에서 지인들의 생년월을 받아 기운을 살펴본다. 공무원인 C와 기업인 K는 모두 '학자의 기운'을 가지고 태어난 분들이다. 남에게 가르침을 주고 싶어 하는 분들로 기억력이 좋고 머리가 비상한 사람들이다.

그들 중 한 분은 공직에 몸을 담고 있고, 다른 한 분은 사업을 하고 있다. 타고난 자신의 재능을 발휘하지 못하면, 현재의 직장에서 괄목할 만한 성과를 내기가 어렵다. 만약 그들이 타고난 자신의 재능을 발휘했다면, 자신의 분야에서 저명한 학자가 되었을 것이다.

공직자의 기운을 키우지 못한 사례 · 6

필자의 간곡한 만류에도 불구하고 국회의원, 시의원 선거 등에 출마했다가 낙선한 분들이 있다. G와 M은 모두 '공직자의 기운'을 가진 분들로 '정치인의 기운'이 없다. 그들은 자아가 강해 남의 말을 듣지 않는다.

그들의 타고난 직업적성에는 '정치인의 기운'이 전혀 나오지 않는다. 필자가 예측한 대로 모두 선거에서 낙선한다. 신뢰와 명예를 잃으면 치유 불능 상태에 빠진다. 자신의 길이 아니면 가지 말아야 한다.

정치인의 기운을 키우지 못한 사례 · 7

타고난 자신의 재능인 '정치인의 기운'을 키우지 못한 사람이 의외로 많다. 필자가 만난 K대표, M대표 등은 "기회가 여러 번 있었습니다. 하지만 당시는 정치에 대한 관심도 없었고, 준비 부족으로 출마를 하지 못했습니다"라고 회고한다.

타고난 재능이 있어도 때를 잘못 만나면 좋은 기회를 놓칠 수 있다. 기회는 너무 일찍 찾아와도 안 되고, 또 너무 늦게 찾아와도 안 된다. 그래서 현명한 사람은 찬스를 잘 잡아 성공으로 바꾼다. 이제부터라도 하늘이 준 기회를 잘 잡아라.

운명의 길

하늘에도 길 있고
땅에도 길 있듯이
사람에게도
운명의 길이 있다

길 없는 곳으로
잘못 들어서면
가는 길이 험하고
순탄하지 못하리라.

기회

환한 미소 지으며
다가오는 찬스
댓바람에 달려가
꼬옥 안아주어라

못 본체 외면하면
좋은 기회
두 번 다시
찾아오지 않으리라.

柔剛 유수종 작

4

재산의 씨앗

甲富
柳居 이창수 작

근면하면
갑부가 된다

근면勤勉은 '부지런히 일하며 힘을 씀'을 뜻한다. 성경에 "게으른 사람은 떡 그릇 옆에서 굶어 죽지만, 근면한 사람은 부자 되게 마련이다"라는 말이 나온다. 누구나 부지런히 활동하면 많은 재산과 재물을 얻을 수 있다.

속담에도 '부지런한 부자는 하늘도 못 막는다'라는 말이 있다. 즉 근면하면 반드시 재물을 얻어 갑부가 된다는 뜻이다. 단, 지식이 없는 부지런함은 소용이 없다. 반드시 지식이 뒷받침돼야 크게 성공할 수 있다.

스페인의 소설가 세르반테스M. de Cervantes는 "근면은 행운의 어머니이다"라는 의미심장한 명언을 남긴다. 그만큼 근면은 부족한 재능을 수시로 보충해 주고, 우리에게 복과 행운을 가져다 준다.

'부지런한 물방아는 얼 새가 없다'라는 속담처럼 무슨 일이든 매사에 부지런해야 성공할 수 있다. 따라서 행복과 편안한 휴식도 모두 근면에서 얻어지며, 근면의 대가는 인생 최고의 즐거움이 된다.

근면은 성공의 어머니이다

N. 웹스터는 "나의 성공은 단순히 근면勤勉에 있다. 나는 평생 한 조각의 빵도 결코 앉아서 먹은 일이 없다. 쉴 사이 없이 일에 힘썼다"라고 회고한다. 부지런히 일하고 활동하는 사람은 자신이 소망하는 뜻을 이루고, 반드시 큰 재물을 얻게 될 것이다. 행운의 여신은 쉼 없이 일하는 성실하고, 근면한 사람을 좋아하고 도와준다.

J. 레이놀즈는 "만일 여러분이 위대한 재능을 가지고 있다면, 근면은 평범한 재능밖에 없는 사람들에게도 특별한 재능을 가질 수 있도록 도와주고, 그들을 더욱 진보시킬 것

이다"라고 설파한다.

그는 또 "만약 평범한 재능밖에 갖고 있지 않을 경우에도, 근면은 그들에게 재능의 결점을 보충해 줄 것이다"라고 재차 강조한다. 누구나 재능을 살려 부지런히 일하면, 자신의 분야에서 남다른 두각頭角을 나타낼 수 있다.

소원과 꿈을 품어라

사람은 날마다 밥을 먹는 것처럼 소원과 희망을 먹고 살아간다. 누구나 선한 마음으로 간절히 바라고, 소원을 빌면 뜻을 이룰 수 있다. '절실한 소원은 돈지갑을 뚫는다'라는 말도 있다. 중요한 것은 운을 대하는 자세와 마음가짐에 달렸다.

지난 일, 떠나간 사람, 아픈 과거를 잊고 좋은 것만 생각하면서, 열심히 일하고 소원을 빌면 누구나 풍성한 결실을 거둘 수 있다. 그래서 소원은 부귀富貴이자 새로운 의지라 할 수 있다. 날마다 '나는 좋은 운을 얻을 수 있다'라고 하면서 운을 불러보라.

자신이 세운 목표와 비전이 확실하면, 소원과 꿈을 이룰 가능성은 그만큼 커진다. 막연한 꿈이라도 없는 것보다는 있는 것이 낫다. 꿈을 작게 세우면 작게 되지만, 크게 세우면 대성할 수 있다.

속담에 '열 번 찍어 안 넘어가는 나무 없다'라는 말도 있다. 망설이거나 주저하지 말고 끊임없이 도전해 보라. 이 순간 자신의 일에 최선을 다하면, 소망하는 갑부의 꿈을 반드시 이룰 수 있을 것이다.

성실하면 덕이 쌓인다

성실誠實은 '정성스럽고 참됨'을 의미한다. 영국의 40, 42대 총리 디즈레일리B. Disraeli는 "사람에게 늘 부족한 것은 성실이다. 성실하면 없던 지혜도 생기지만, 성실하지 못하면 있는 지혜도 흐려지는 법이다"라고 강조한다.

'성실은 어디에서나 통용되는 유일한 화폐이다'라는 말처럼 성실한 사람은 언제 어디에서나 인정을 받는다. 로마제국의 수도자·철학자 아우구스티누스Augustine는 "사람은 성실할수록 자신감을 얻게 된다. 성실해질수록 태도가 안정된다. 성실하면 성실할수록 정신을 자각自覺한다"라고 강조한다.

그는 또 "하늘과 땅 앞에 자신이 엄연히 존재하고 있다는 관념은 성실할 때 얻어지는 자각이다"라고 재차 강조한다. 누구나 성실하면 기회가 찾아올 것이고, 더불어 많은 이익과 덕德이 쌓일 것이다.

근면 勤勉

양지쪽 제방 길
큰 짐 이끌고
삶의 보금자리로
바삐 이동하는
긴긴 행렬
매우 근면하다

여름 내내
쉬지 않고
양식을 저장하느라
비지땀 흘리며
묵묵 삶을 꾸려가는
연약한 개미군단

가는 허리로
세월 앞서
월동을 준비하는
놀라운 지혜에
인간의 무지함이
고개를 떨군다.

소원과 꿈

아픈 인생 버리고
쉼 없이
소원과 꿈 품어라

큰 목표 세워
정진精進하면
으뜸 부자 되리라.

성실과 덕德

성실하면 덕 쌓이지만
태만하면 덕 흩어지리.

몸과 뇌를 바꿔라

이동환은 '가난한 뇌를 부자의 뇌로 바꾸는 방법으로 MBS 최적화 이론, 즉 멘탈 마인드mental mind, 바디 마인드body mind, 잠재의식subconscious mind 3가지를 제시'하고 있다. 그는 또 뇌 호르몬을 바꾸면 성공하는 이유를 다음 6단계로 설명하고 있다.

❶ 삶의 변화와 시작점으로서 옳지 못한 자세와 습관을 바꿔야 하고, ❷ 쌓인 스트레스를 성공의 도구로 활용하고, ❸ 상대방의 심리까지 파악할 수 있는 고도의 인간관계 기술이 필요하고, ❹ 끌어당김의 법칙(어떤 바람이나 대상에 대해 생각하면, 그 일이 실제 일어날 가능성이 높아진다는 것)이 중요하고, ❺ 잠재의식(의식과 무의식의 중간상태) 최적화 심리기법이 필요하고, ❻ 목표설정 후 루틴routine을 만들고 자신을 끊임없이 칭찬하라고 강조한다.

미모와 옷에 신경써라

속담에 '몸은 신이 머무는 궁전이다'라는 말이 있다. 아름답고 차림새가 세련된 사람은 행운을 잡는 데 매우 유리하다는 것이다. 매일 똑같은 옷만 반복해서 입으면 권태롭고 지겨울 수 있다. 평소의 스타일을 바꿔 약간의 파격을 즐길 줄 아는 센스도 필요하다.

매력 있는 옷차림과 아름다운 미모는 재물과 사람을 끌어당기는 강한 힘이 있다. 속담에 '옷 못 입어 잘난 놈 없고, 잘 입어 못난 놈 없다'라는 말이 나온다. 흔히 '옷이 날개다'라고 하는데, 옷은 호감을 살 수 있는 것으로 착용하면 좋다.

구깃구깃한 옷을 입는 것은 자신의 이미지 관리나 비즈니스를 하는 데도 역효과가 난다. 돋보이는 색상이나 디자인의 옷은 사람의 프라이드를 현실화시켜 주는 강한 촉매제 역할을 한다. 아름다운 미모로 운을 관리하라.

옷은 품격을 높여준다

일본 체류 중에 오사카大阪 지사장이 맛있는 랍스타(바닷가재) 요리를 대접해 준다고 하면서, 오사카 번화가에 위치한 최고급 전문레스토랑에 예약을 한다. 식당의 직원은 "오실 때 정장을 입지 않으면 입장할 수 없습니다"라고 하면서 여러 번 강조한다.

깔끔한 정장 차림은 자신의 품격을 높이고, 다른 손님들에게도 품격을 높여 주게 된다. 사람은 누구나 깔끔한 차림새에 따라 대우를 받는다. 즉 넥타이, 와이셔츠, 벨트, 구두, 가방, 액세서리, 스카프, 헤어스타일 등의 소소한 작은 변화가 큰 행운을 부를 수 있다.

미모

'미모는 재산의 반이다'라고
하는데

옷차림 걸음걸이 환한 미소
상냥한 태도와 지적인 인품

두루두루 빼어나야
풍모風貌 갖춘 미모라 하리.

옷차림

사람은 자신의
옷차림에 따라

자신의 신수와
운명 바뀌리라.

생각은
재산의 씨앗이 된다

프랑스의 수학자·물리학자 파스칼B. Pascal은 "인간은 생각하기 위해 태어났다. 그러므로 사람은 한시도 생각하지 않고는 살 수 없다"라고 피력한다. 누구나 생각의 자유를 가진다. 설령, 부정적으로 생각한다고 해서 처벌받는 일은 극히 드물다.

그러나 문제는 우리가 '무엇을 생각하는가, 무엇을 창조하는가, 무엇을 추구할 것인가(Charles E. Haanel, 2005)'에 달렸다. 매사에 긍정적으로 생각하고 무언가 창조하는 사람은 부정적으로 생각하는 사람보다 고독하지 않다는 것이다.

스페인의 철학자·작가 우나무노M. Unamuno는 "생각하는 것은 자기 자신과 친해지는 것이다"라고 주장한다. 사람은 어떤 일이 닥치게 되면 하루에 오만가지 생각을 한다고 하는데, 그 오만가지 생각 중에는 긍정보다는 부정적인 생각이 더 많다는 것이다. 즉 부정적인 생각이 자기 자신과 이미 친해졌기 때문이다.

인간은 생각하는 존재이다. 즉 어떠한 문제를 놓고 너무 단순하게 생각하는 사람도 있고, 반대로 너무 심각하게 생각하는 사람이 있다. 이런 경우에는 사태의 경중輕重에 따라 적절하게 생각하고 처신하면 좋을 것이다.

긍정적으로 생각하라

고대 그리스의 비극작가 아이스킬로스Aeschylos는 "올바른 생각이야말로 신이 내린 최상의 선물이다"라고 설파한다. 생각은 '무엇을 헤아리고 판단하고 궁리함'을 의미한다. 부정적으로 생각하는 것보다는 항상 긍정적으로 생각하는 것이 바람직하다. 인생은 생각으로써 만들어지고 생각으로써 존재한다.

프랑스의 수학자·물리학자 파스칼B. Pascal은 "생각이 인간을 위대하게 만든다"라고 피력한다. 긍정적인 생각은 재물을 만들어 내는 힘이 된다. 그러나 부정적인 생각을 하면, 들어오는 재물도 흩어지고 운도 떠나 버린다. 재산의 씨앗은 긍정적인 생각에서 싹이 트고, 생각한 것을 행동하고 실천함으로써 더 큰 부가 싹트게 된다. 즉 '생각이란 사물에 대한 방향의 제시 또는 지시'라고 할 수 있다.

긍정의 마음을 만들어라

게리바이너척은 "믿음과 희망은 성공으로 이끄는 든든한 견인차가 되는데, 그것은 바로 긍정의 힘이다"라고 주장한다. '긍정의 힘'은 지금 추진하고 있는 일이 분명 성공할 것으로 생각하고, 목적을 향해 계속 진행하는 마음의 힘을 말한다.

찰스 해널Charles E. Haanel은 "수백만 개의 회복 세포가 모두 지능을 가지고 우리의 생각에 반응한다. 따라서 두려움, 의심, 불안 등을 생각하게 되면 마비되거나 힘을 잃는 경우가 많다"라고 강조한다.

마음은 얼굴이며 정신 이상의 것이다. 생각하는 마음은 금세 얼굴에 나타난다. 긍정의 마음은 행복한 얼굴을 만든다. 즉 긍정적으로 생각하면 얼굴이 밝아지면서 운도 따라 들어올 것이다. 진정 갑부가 되고 싶으면, 부자들의 생각을 체득하고 긍정의 마음을 만들어라.

부정과 긍정

부정적으로
생각하면
빈곤해 지고

긍정적으로
생각하면
부유해 진다.

생활습관을 확 바꿔라

우에니시 아키라는 "청결하고 깔끔하게 정리 정돈된 장소에 있으면, 그것만으로도 긍정적인 에너지가 생긴다"라고 피력한다. 집이나 사무실을 청소하고 정리 정돈하면, 기분도 상쾌하고 마음도 한결 가벼워 진다.

인생을 변화시키는 것도 한순간이다. 비좁은 공간에 너무 많은 물건을 쌓아놓으면, 좋은 기운이 분산된다. 행운의 여신은 정리되고 깔끔한 곳을 좋아한다. 시들거나 생명이 다한 화초와 불필요한 물건은 과감하게 버려야 한다. 평소 치우는 습관이 몸에 배면, 순식간에 인생을 좋은 방향으로 변화시킬 수 있다.

대체로 부자들은 부지런하며 깔끔하게 생활한다. 그들은 깨끗한 환경에서 생활하면서 진취적이고 긍정적인 마인드로 사업을 키우고, 또 새로운 아이템을 구상해서 자신의 사업영역을 넓힌다.

이사를 가는 것도 좋다

필자는 미래학과 풍수지리학을 공부하고 있다. 개인에 따라 믿음의 차이는 있지만, 오래전부터 내려오는 우리나라의 풍수風水는 신라 말 고려 초 풍수지리설의 대가인 도선국사(道詵國師 : 827-898)에 기원을 두고 있다.

사람의 몸속에 신경-피-경락이 흐르듯 땅도 살아서 기운이 흐르고 있다. 즉 혈관을 통해 영양분이 운반되는 것처럼, 풍수에서도 땅속을 돌아다니는 생기生氣가 있다고 본다. 좋은 생기가 많이 모이는 곳을 명당이라 한다.

최근에는 건축이나 실내 디자인과 같은 실용적인 분야에서도 풍수의 원리를 적용하기도 한다. 현재 사는 곳에서 좋은 일이 없으면, 이사를 고려해 보는 것도 좋다. 새로운 장소로 옮겨 환경을 바꿔 주면, 상서로운 기운이 들어 올 것이다. 단, 기운이 좋은 곳으로 가야지 잘못 가면 더 나빠질 수 있다.

경험

인생 살다 보니
재물
모이는 집 있고
새는 집 있더라

돈이 새면
새로운 거처로
옮겨 가는 것도
좋은 방법 되리라.

5

오늘과 아침

甲富

柳居 이창수 작

영원한 오늘을 잡아라

오늘은 '지금 시간이 흐르고 있는 이날'라는 뜻이다. 유의어는 금일·본일 등이 있다. 미국의 제32대 대통령 루스벨트Franklin Delano Roosevelt는 "오늘 하루 이 시간은 당신의 것이다. 하루를 착한 행위로써 장식해야 한다"라고 강조한다.

이탈리아의 시인·철학자 단테Dante Alighieri는 "오늘이라는 날은 두 번 다시 오지 않는다는 것을 잊지 말아야 한다"라고 하였고, 로마제국의 수도자·철학자 아우구스티누스Augustine는 "너희의 오늘은 영원이다"라고 설파한다.

러시아의 소설가·사상가 톨스토이Tolstoi, Lev Nikolaevich도 "진정한 생활은 오직 오늘뿐이다. 따라서 오늘 이 순간 자신의 일에 온 정신력을 기울여 노력해야 한다"라고 강조하다 인생은 오늘이 있기에 밝은 내일이 있는 것이다. 즉 오늘이 있기 때문에 내일이 있고, 꿈과 희망이 있는 것이다. '고생 끝에 낙樂이 온다'라는 말도 있다. 두 번 다시 오지 않는 오늘, 자신에게 주어진 업무에 최선을 다하면 반드시 즐거움[樂]과 보람이 있을 것이다.

오늘이 부와 미래를 만든다

'부자가 되는 한 가지 방법이 있다. 내일 할 일을 오늘하고, 오늘 먹을 것을 내일 먹는다'라는 말이 있다. 오늘 할 일을 내일로 미루지 않는 것도 근면하고 책임감 있는 행동이라 할 수 있다. 오늘 만이 부와 미래를 만든다. 오늘 최선을 다함으로써 보다 많은 부를 창출할 수 있다.

로마의 유명한 시인 호라티우스Horatius는 "오늘을 즐겨라. 내일의 일은 그렇게 믿지 말라"고 하였고, 크루시포스는 "과거와 미래는 존재하는 것이 아니고 존재했던 것이며, 오직 오늘만이 존재하는 것이다"라고 설파한다.

오늘을 위해 최선을 다하라

오늘은 인생에서 가장 풍족한 날이라고 생각하라. 인간은 현재와 오늘을 위해 산다. 이미 지나간 일이나 놓친 과거에 연연하지 말고, 오직 오늘을 위해 최선을 다하라. 즉 '오늘 하루는 내일의 이틀과 맞먹는다'라는 것을 가슴 깊이 새겨 두어야 할 것이다.

D. 토머스는 "오늘은 분명히 우리에게 허락된 단 하나의 확실한 소유물인 것이다"라고 주장한다. 오늘은 오늘 한 번뿐이다. 똑같은 오늘이 두 번 다시 돌아오지 않으며, 계속해서 우리 곁에 머물지도 않는다는 것을 명심해야 한다.

오늘 · 1

인생 으뜸의 날은
바로 오늘이니라.

오늘·2

놓친 과거 잡지 말고
영원한 오늘 잡아라.

오늘·3

과거를 거울삼아
오늘을 판단하라.

아침은
황금이다

영국의 토목공학자 윌콕스S.W. Willcocks는 "하루의 가장 달콤한 순간은 아침에 있다"라는 말을 남긴다. 아침엔 때묻지 않은 순수함이 있고, 황금처럼 빛나는 찬란함이 있다. 어렴풋하게 다가드는 우주의 모든 만물이 나를 향해 새로운 모습을 드러내며 달콤한 아침을 열어준다.

독일의 철학자 쇼펜하우어A. Schopenhauer는 "늦게 일어남으로써 아침 시간을 줄이지 말라. 아침은 생명의 본질이다. 어느 정도까지는 신성한 것으로 여겨라"라고 힘주어 강조한다. 속담에 '아침 시간은 황금黃金을 몰고 온다'라는 말도 있다. 아침 일찍 일어나 하루를 설계해야 막대한 부를 창출할 수 있다. 기적은 아침에 일어난다.

필자는 아침 5시에 일어나 하루를 시작한다. 일찍 일어나면 하루가 길고 많은 일을 할 수 있어서 경제적이다. 아침 시간은 방해를 받지 않아서 좋고, 장거리 여행이나 출장을 갈 때도 여유롭게 떠날 수 있어서 좋다.

필자는 아침에 일어나면 가볍게 산책하고 독서를 한다. 독서는 과거의 뛰어난 인물과 대화를 나누는 것과 같아서 좋다. 또 독서를 통해 부족한 인격을 수양하고, 세상을 폭넓게 바라볼 수 있는 혜안이 열려서 좋다. 필자는 지금까지 약 1만여 권의 책을 읽었지만, 현재도 쉬지 않고 읽고 있다.

기적은 아침 5시에 일어난다

제프 샌더스Jeff Sanders는 "아침 5시는 차분하고 조용하며, 자신이 삶의 주도권을 쥘 수 있고, 무엇과도 바꿀 수 없는 자산이다"라고 주장한다. 사실 아침 5시에 일어나는 사람은 하루가 여유롭고 긍정적이며, 매사에 적극적인 자세를 갖게 된다.

아침형 생활도 하나의 습관이다. 누구나 처음이 어렵지 반복적으로 되풀이하면 자연스럽게 몸에 밴다. 이탈리아의 가장 위대한 시인 단테Alighieri Dante는 "사람의 습관은 마치 가지 위의 잎사귀가 떨어지면, 다시 저쪽의 잎사귀가 피어나는 것과 같다"라고 피력한다. 올바른 습관이야말로 성공을 부르는 기폭제가 된다.

성실함이란 가장 우수한 정책이며, 인간이 갖는 가장 고상한 것이다. 평소 성실함이 몸에 밴 세종대왕은 처음과 끝이 한결같은 임금이다. 세종은 매일 아침 5시에 일어나 옷을 입고, 날이 밝으면 조회를 받는다. 조회가 끝나면 신하들과 정책토론을 한다

'성공은 아침에 좌우된다'라는 말도 있다. 그만큼 아침이 사람을 부자로 키우는 힘을 가지고 있다. 사이쇼 히로시는 "아침의 1시간은 낮의 3시간과 맞먹는다"라고 강조하면서, "아침 일찍 일어나면 건강해지고, 부유해지고, 현명해진다"라고 재차 강조한다. 즉 '성실은 능력을 보충해 주며, 어디에서나 통용되는 유일한 화폐이다.'

새벽

초승달 기울고
어둠 걷힐 무렵
저 멀리
수락산 너머로
희망이 밝아오면

적막 감도는
얼어붙은 대지에
아침 알리는
닭 우는 소리가
잠든 생生을 깨우다

새날 여는
고요한 새벽
안식 속에서
박차고 일어나
새뜻한 삶 시작하다.

아침 까치

새해 열리는 날
까치 울음소리
해맑게 들린다

깍깍 깍깍
깍깍 깍깍

참나무에 앉은
살가운
부부 까치

반가운 기별
전해 주려고
합창하고 있다

정다우니
종잘 거리는
아침 까치

오늘은
귀한 손님
모시고 오려나.

아침형 인간은 두 배로 산다

『손자병법』의 저자 손무(孫武)는 "아침의 기운은 날카롭고, 낮의 기운은 권태롭고, 저녁의 기운은 끝난다"라고 설파한다. 이시카와 가즈오는 "같은 시간을 쓴다면, 저녁 시간보다는 신선하고 집중력이 높은 이른 아침 시간을 활용하는 편이 몇 배나 효과적이고 효율적인 것이다"라고 강조한다.

집중력이 떨어지는 저녁 시간보다는 기운이 상승하는 이른 아침에 정신을 집중해서 독서를 하는 것이 좋다. 아침은 가장 쾌적하고 능률이 오르는 '골든타임golden-time'이라 할 수 있다. 세계적인 갑부들은 주로 아침형 인간이 많으며 늘 책을 끼고 산다.

사이쇼 히로시는 아침형 생활은 "신체와 정신이 서로 조화롭게 되고, 에너지가 충만하게 되고, 생활의 여유와 목표를 달성하게 되고, 세상과 자신의 삶을 대하는 자세가 달라지고, 건강한 삶과 장수하는 삶을 누리게 된다"라고 강조한다. 사실 아침형 생활이 습관처럼 몸에 배면, 아침 시간을 유용하게 쓸 수 있다.

아침에 하는 독서가 좋다

세종대왕(1397~1450, 재위 : 1418~1450)은 이른 아침부터 밤늦도록 독서를 할 정도로 '책벌레'로 알려져 있다. 그는 무슨 책이든 백 번을 읽고 나서야 다른 책을 읽는 등 독서 습관이 특이하고, 남다른 것으로 알려져 있다. 부왕인 태종이 '건강을 염려해 책 읽기를 금할 정도로 학구열이 매우 높았다'라고 한다.

요즘 아침 출근길, 지하철 안에서 책을 읽는 사람이 거의 없다. 간혹 책을 읽는 사람도 눈에 띄지만, 대체로 개인 휴대폰으로 음악을 듣거나 친구, 지인 등과 SNS를 즐긴다. 개중에는 전자책을 읽는 분들도 있지만, 독서는 밑줄을 치면서 읽어야 기억에 오래 남는다.

고대 그리스의 철학자 소크라테스Socrates는 "남의 책을 읽는 데 시간을 보내라. 남이 고생한 것에 의해 쉽게 자기를 개선할 수 있다"라고 설파한다. 책 속에는 길이 있고 스승이 있고 많은 정보가 있다. 자기계발, 부동산, 재테크 등 성공사례에 관한 내용도 무수히 많다. 아침 일찍 일어나 독서를 하면 하루가 알차고 즐겁다.

아침형 인간

창의적 사고로
넘치는
아침형 인간

늘 여유롭게
중요한 목표
달성하며

주어진 하루를
남보다
두 배로 산다.

푸른 아침

태양과 손잡고
우주의
삼라만상
흔들어 깨우는
푸른 아침

지구 곳곳의
어둠 씻기고
고루고루
생생 정기精氣
불어 넣는다.

환경과 생체리듬에 맞게 살아라

사람마다 라이프 스타일life-style이 있다. '아침형 인간'이 있는가 하면 '저녁형 인간'도 있다. 저녁형 인간은 '오전 또는 오후에 늦게 일어나고, 새벽에 늦게 잠자리에 드는 생활 습관을 가진 사람을 말한다.'

사람마다 일하는 환경에 따라 '아침형 인간'과 '저녁형 인간'으로 구분할 수 있다. 라이프 스타일은 자신이 처한 환경이나 자신의 생체리듬에 맞게 적절하게 조절해서 생활하면 될 것이다. 도시가 발달하면서 저녁형 인간으로 사는 사람도 많이 있다.

아침형 인간이든 저녁형 인간이든 성공하고 싶으면, 가급적 TV 시청 시간을 줄이고 책과 친해져야 한다. 책은 위기를 기회로 만드는 마력이 숨어 있다. 책은 각자의 취향이나 관심 분야에 대한 내용을 위주로 읽으면 된다. 책 속에는 성공으로 가는 길과 지혜가 있고, 많은 재산이 숨어 있다는 것을 명심하라.

저녁

아침은 청춘
저녁은 황혼.

6
재산과 인연

柳居 이창수 작

재산은
인연에서 비롯된다

　재산과 운運은 좋은 인연에서 비롯된다. 재산과 운은 기다리는 것이 아니라 자신의 재능을 살려서, 스스로 인맥을 구축하고 만들어 가는 것이다. 즉 재산과 운은 사람과의 만남이나 인연을 통해 만들어 진다. 언제 어디서 누구를 어떻게 만나느냐에 따라서 자신의 운명이 갈리게 된다.

　좋은 사람과의 만남 자체가 곧 행운이자 성공이다. 복에는 천복天福, 지복地福, 인복人福이 있다. 그중에서 '인복'이 가장 중요하다. '인맥人脈이 곧 금맥金脈이다'라는 말처럼 재산과 운은 사람으로부터 들어온다.

　법구경法句經에 "어진 사람과 인연을 맺으면 의리가 높아지고, 어리석은 사람과 친구하면 재앙과 죄가 따른다"라는 말이 나온다. 좋은 사람과 인연을 맺으면 자신의 인생에 도움이 되지만, 잘못된 만남으로 인연을 맺으면 해를 당하거나 재산을 잃을 수도 있다.

인연도 자연과의 조질이다. 별이 하늘에서 저마다 규정된 궤도에서 서로 만나고 헤어지듯, 사람과 사람이 서로 인연을 맺는 것도 하늘의 뜻으로 이루어진다. 억지로 인연을 맺는다고 해서 모두가 성사되는 것이 아니다. 자칫 잘못하면 하늘의 질서가 파괴될 수도 있다.

자기계발에 힘써라

좋은 인맥을 만들기 위해서는 먼저 자기계발에 힘써야 한다. 즉 타고난 자신의 재능에 맞는 분야의 학위 및 자격증 취득, 일반상식 및 전문지식 습득, 고상하고 원만한 품성과 절제된 매너 등으로 인성을 가꾸고, 만반의 준비를 해둬야 좋은 인맥을 구축할 수 있다.

석가모니는 "길을 나설 때는 나와 비슷한 사람이나 나보다 월등한 사람과 가야한다"라고 강조한다. 사람은 묘한 존재이다. 슬기롭지 못한 사람과 함께 가면, 지름길도 멀게 느껴질 수 있다. 성공의 조건은 나보다 나은 사람과 인맥을 구축하는 데 달렸다.

사람다운 사람과 인연을 맺어라

속담에 '귀신보다 사람이 더 무섭다'라는 말이 있다. 즉 자신보다 못한 사람과 벗 삼으면 절대로 안 된다. 사람은 사람다운 사람과 인연을 맺어야 성공할 수 있다. 자신보다 못한 사람과 인연을 맺거나 교류하면, 유익함보다는 오히려 손실이 발생할 수도 있다.

사람과 인연을 맺는 것도 적당한 균형이 필요하다. 학교 동창이나 직장동료, 지인 등 국한되고 편중된 만남보다는 다양한 분야의 사람들과 골고루 교류하면서 운신의 폭을 넓히는 것이 중요하다. 다만, 양질良質의 사람을 만나야 운이 활짝 열린다.

좋은 인연은 가까운 곳에 있다

사람이 한세상을 살면서 언제 어디서 누구를 어떻게 만나느냐에 따라서 자신의 미래와 운명이 갈리게 된다. 로마의 작가 키케로M.T. Cicero는 "인간의 일생을 지배하는 것은 운명의 여신이지 인간의 지혜는 아니다"라고 설파한다. 꼭 만나야 할 인연이라면, 특별한 지혜나 노력 없이도 자연스럽게 만나게 된다.

사람과의 인연도 한평생 의좋게 가는 경우도 있지만, 오래 지속되지 못하고 금방 깨질 때도 있다. 또 사람에 따라서 좋은 운을 몰고 오는 사람이 있는가 하면, 그렇지 못한 사람도 있다. 필자는 대학시절 L지도교수와의 인연으로 대학 입학 후 11년 만에 교수의 자리에 섰다. 인연은 그만큼 소중하다.

사람은 미래의 큰 자산이다

사기열전史記列傳에 "고귀한 사람이 남과 인연을 맺는 것은 어려울 때를 대비해서이고, 부유한 사람이 남과 인연을 맺는 것은 가난할 때를 대비해서이다"라는 말이 나온다. 후일을 대비해 좋은 사람과 인연을 맺는 것은 미래의 큰 자산이 된다. 좋은 인연은 또 다른 좋은 인연을 만들어 낸다.

   속담에 '봉사의 마누라는 하늘이 점지한다'라는 말이 있다. 사람이 서로 인연을 맺는 것도 우연히 되는 것은 아니다. 인연이 될 연분은 따로 있다. 길가의 돌도 나와 연분이 있어야 발로 차듯, 하찮은 것이라도 서로 인연이 있어야 이루어 진다. 즉 인연을 맺는 것도 자연의 섭리이자 하늘의 뜻이다.

인연 · 1

참 좋은 인연은
아름다운 꽃이요

인생과 미래의
큰 자산이 된다

주저 말고
연緣 맺어 보세요

복福은 인연으로
쑥 들어오거든요.

인연 · 2

만나고 헤어지는 것도
하늘의 섭리며 이치다

하늘이 연緣 맺어준
귀중한 만남

한뉘 변치 않고
느루 지속하려면

서로 존중 배려하는
맘 있어야 길게 가리라.

사람을
잘 살펴야 한다

속담에 '가재는 게 편이다'라는 말이 있다. 모양이 서로 비슷하고 인연이 있는 데로 마음이 간다는 뜻 아닐까요? 행실이 나쁜 사람들은 서로 붙어서 몰려다니며, 남을 끌어들이고 철저하게 이용한다.

학교 선배가 만나자고 해서 약속장소에 나간다. 당연히 혼자 나올 거라고 생각했는데, 갑자기 여기저기서 여러 사람이 몰려나온다. 선배는 '학생들을 동원해 다단계를 함께 해보면 어떻겠냐'고 하면서 장황하게 설명한다.

논어論語에 "소인은 허물이 있어도 뉘우칠 줄 모르고, 반드시 꾸미고 위장을 한다"라는 말이 나온다. 또 "이 세상에는 생명을 가진 것치고 안전한 것은 없다"라는 말도 있다.

그래서 사람은 사람을 조심해야 한다. 한순간에 명예와 재산을 잃을 수도 있다.

사람은 어진 사람을 가까이하면 도덕과 의리가 높아지지만, 어리석은 사람을 친구로 하면 재앙과 죄를 얻게 된다(法句經). 나는 학교 선배라는 믿음 하나로 비싼 찻값과 금쪽같은 시간을 허비한다.

변화무쌍한 인연

'옷깃만 스쳐도 인연'이라는데
사람 만나 연緣을 맺다 보면

만난 뒤
뒤돌아서면 바로 끊기는 인연

강산江山
여러 번 바뀐 뒤 만나는 인연

한평생
변치 않고 멀리 가는 인연

끊길 듯 이어질 듯
아슬아슬 근근 이어가는 인연

인연도
내 뜻대로 안 되는 섭리인 것을.

상대방의 성향을 잘 살펴라

청나라의 제4대 황제 강희제는 "인재를 얻으면 나라가 평안하고, 인재를 잃으면 나라가 어지러워 진다"라고 설파한다. 그는 '우수한 성적으로 과거에 급제했어도 도리를 모르는 인재는 아예 등용하지 않았다'라고 한다.

요즘 일부 회사직원과 공무원이 주식이나 코인 등에 투자했다가 잃은 손실분을 만회하려고 공금을 횡령하는 사건이 종종 일어난다.

예를 들면 오스템임플란트 직원 2,215억 원 횡령 사건, 우리은행 직원 697억 원 횡령 사건, BNK경남은행 직원 562억 원 횡령 사건, 강동구청 공무원 115억 원 횡령 사건, KB저축은행 직원 94억 원 횡령 사건 등 끊임없이 발생한다.

인재를 채용할 때는 우선 지원자의 타고난 직업적성과 재능을 살펴야 한다. 생년월일을 분석해 보면, 지원자의 타고난 성향性向과 장단점을 알 수 있다. 특히 공금을 관리하는 직원을 선발하거나 인사발령을 낼 때는 성향을 살펴본 다음 업무를 부여해야 한다. 그래야 위와 같은 공금횡령 사건을 미리 예방할 수 있다.

의미가 없는 인연은 정리하라

사람과의 인연이 모두 의미가 있는 것은 아니다. 인연도 인연 나름이다. 호리 고이치는 "사람과 사람의 만남 자체가 바로 행운이다. 운을 확실히 잡기 위해서는 어떤 만남도 소홀히 다뤄서는 안 된다. 좋은 인맥을 만들기 위해서는 만남을 소중히 해야 한다"라고 주장한다.

물론 만남이나 인연 자체를 소중히 여기는 것은 매우 중요하다. 그러나 모든 사람이 다 내 마음 같지 않다는 것이다.

처음부터 좋은 만남을 이어가기 위해 약속장소에 나온 사람도 많지만, 개중에는 나쁜 마음을 먹고 나온 사람도 많다. 의미가 없는 인연이라면 차라리 과감히 정리하는 게 낫다.

사람은 사람을 조심하라

이 세상에는 남에게 선정을 베푸는 귀인 같은 사람이 있는가 하면, 은밀하게 접근해서 남을 이용하는 사람이 아주 많다. 필자의 주변에는 사회에 비싼 수업료(?)를 지불한 기업인이 의외로 많다. '눈 감으면 코 베어 가는 세상'이다.

노자老子는 "절교를 할 줄 알아야 새로운 인연을 만날 수 있다"라고 하였고, 독일의 작가·철학자 괴테Goethe는 "앞날에 아름다운 희망이 있으면, 절교도 축제와 같다"라고 피력한다. 절교도 하나의 미덕美德이다. 인연이 아니다 싶으면 빨리 정리하는 것이 좋다.

달콤한 유혹에 넘어가지 말라

좋은 운이든 나쁜 운이든 자기 주변에서 몰려온다. 요즘은 보이스 피싱voice phishing도 조심해야 하지만, 특히 학교 선배와 후배, 동창, 직장동료, 친인척, 소개로 만난 사람, 일부 철학자와 무속인 등 내 주변에 있는 사람들을 경계히고 잘 살펴야 한다.

가고자 하는 길이 같지 않으면, 서로 인연을 도모하지 말아야 한다. 아무리 친하고 잘 아는 사람이라 해도, 그 사람이 오랜 세월 동안 어떤 삶을 살아왔는지 확인하는 것은 불가능하다. 달콤한 유혹에 넘어가 '가지 말아야 할 길'에 들어서면, 큰 손실과 낭패를 볼 수 있다.

조건을 내세우는 사람을 조심하라

지인의 소개로 모 정당인을 만난다. 그는 "당선이 유력한 대선 후보자를 지근거리에서 돕고 있다"라고 하면서 자신을 소개한다. 하루는 그와 식사를 한다. 그런데 그는 "저, 실은 제 조카가 있는 데, 대학교수 좀 시켜주세요!" "교수요! 그건 쉬운 일이 아닌데요!" "시켜만 주시면 대선 후보자를 만나게 해드리겠습니다."

어느 날 그로부터 연락이 온다. "최 교수님! 선거 비밀 캠프에 들어가야 출세할 수 있습니다." "네! 선거 비밀캠프

요?" "네, 제가 당선이 유력한 대선 후보자를 직접 모시고 있습니다. 원래 캠프 입회비가 5천만 원인데, 특별히 3천만 원만 받겠습니다"라고 하면서 유혹해 온다. 사람을 만났을 때 조건을 제시하거나 돈을 요구하는 사람을 조심해야 한다.

참사람

'돌다리도 두들겨 보고
건너라'라는 속담처럼

인맥의 크기가 성공을
좌우한다고 해서

무작정 보폭을 넓히면
큰 낭패 보게 된다

무릇 인연은
참사람과 연을 맺어야

인생과
가는 길이 순탄하리라.

상대방의 언행을 잘 살펴라

아직 사업을 해보지도 않고 수치상으로만 분석해 놓고 "한 방에 대박을 터뜨릴 수 있습니다"라고 하면서 김칫국부터 마시는 사람, 처음에는 'A'라는 청사진을 보여주며 그럴 듯하게 설명하다가, 다음에 다시 'B'라는 새로운 청사진을 제시하는 등 말을 자주 바꾸는 사람을 조심해야 한다.

자리에 앉자마자 "저는 종교인이라서 거짓말을 못합니다"라고 하면서 자신을 소개하는 사람을 조심해야 한다. 그리고 '상대방의 얼굴을 빤히 쳐다보면서 말을 하는 사람', '눈동자를 유난히 많이 움직이는 사람', '말에 논리가 없거나 얘기의 초점 없이 이 말 했다가, 갑자기 다른 말을 하는 사람'은 절대 믿으면 안 된다.

대화 중에 전화 받는 사람을 멀리하라

휴대폰이 널리 보급되면서 생활이 참 편리해졌다. 그러나 요즘 사람을 만나서 진지하게 대화를 이어가기가 쉽지 않다. 개중에는 전화 에티켓을 철저하게 지키는 사람도 있지만, 대부분 대화 중에 눈치 없이 면전面前에서 전화를 받거나, 수시로 자리를 뜨면서 장시간 통화를 하는 사람이 의외로 많다.

즉 '대화 중에 양해 없이 수시로 전화를 주고받는 사람', 또 '지체 높은 사람과 문자를 주고받은 것을 보여주면서 끊임없이 말을 하는 사람'은 항상 주위가 산만하고, 남의 말을 듣기보다는 주로 자기 자랑을 많이 하는 사람이다. 건성으로 사람을 대하기 때문에 이익이 되어 돌아올 게 없다.

부정적인 사람을 멀리하라

속담에 '산이라고 말하면 강'이라는 말이 있다. 즉 남이 '산'이라고 말하면, 자신은 '강'이라고 말한다. 이를테면 남의 말에 항상 반대하는 것이다. 늘 비판적이고 부정적으로 생각하는 사람은 자기 주변의 사람들까지도 부정적으로 만드는 경향이 있다.

타고난 재능이나 기술도 중요하지만, 현대사회에서 살아

남기 위해서는 긍정적인 사고와 인간관계가 중요하다. 그러나 인맥을 형성할 때 부정적인 사고를 지니면, 친하게 지내는 사람들도 결국에는 떠나게 된다. 행운의 여신은 부정적인 사람을 싫어한다.

절교도 하나의 미덕이다

로버트 콜리어Robert Collier는 "생각은 사람의 몸 전체의 운동 속도를 감소시키거나 증가시킬 수 있다. 생각의 방향이 어디를 향하느냐에 따라 몸속 특정 기관의 운동을 방해할 수 있으며, 몸 전체의 균형을 깨뜨릴 수도 있다"라고 강조한다. 만약 부정적인 생각을 하게 되면 사람의 몸은 병들게 된다.

필자의 주변에도 부정적인 생각을 하거나 말을 하는 사람이 많다. 예를 들면 "잘 될까요?", "그거 위험하지 않을까요?", "그거 안 돼요!", "난 못해요!", "불경기라서…" 등 일을 추진해 보지도 않고 부정적인 생각부터 한다. 이런 사람은 하루 빨리 절교를 하는 것이 좋다.

인연 · 3

참된 인연
일콩달콩
멀리 가지만

잘못된 만남
오래 못가
발병發病난다.

인연 · 4

갑부의 지름길은
좋은 만남과

든든한
인맥에서 비롯된다.

柔剛 유수종 작

7

재산과 목표

柳居 이창수 작

목표는
재산의 출발점이다

인생에서 목표를 세우는 것보다 더 중요한 것은 없을 것이다. 사람은 자신이 가고자 하는 목표를 뚜렷하게 세우게 되면, 그 목표를 향해 걸어가는 지름길을 찾게 된다. 즉 목표가 뚜렷하면 어떻게 나아가야 할지 방향이 분명해 진다.

미국의 시인 슈워츠D. Schwartz는 "성공은 지능의 크기보다 생각의 크기로 결정된다"라고 주장한다. 소심한 생각으로 목표를 낮게 세우면 안 된다. 좀 더 적극적이고 크고 원대하게 목표를 세워야, 그곳으로 가는 길이 넓고 훤하게 보인다. 인생은 속도도 중요하지만, 목표와 방향을 세우는 것이 더 중요하다.

사람들은 날마다 성공하기 위해 큰 뜻을 세우고 실친한

다. 소원을 이룰 수 있는 현명한 방법은 '이미 성공한 모습을 마음속으로 선명하게 그려 보라는 것'이다. '자신이 성공한 내적 형상을 묘사하고, 사실로 믿으면 뜻한 대로 이루어진다'라고 한다.

그것은 '자신이 품고 있는 생각의 본질이 힘의 척도가 되기 때문이라는 것'이다. 생각은 만지거나 눈으로 볼 수 없지만, 성공으로 가는 방향을 제시해 주고, 꿈을 키우는 데 매우 중요한 역할을 한다. '꿈은 이루어진다'라는 생각으로 긍정적인 마음을 품어보라.

늑대의 속성을 닮아라

확실한 목표 없이 사는 인생은 허무하고 위험한 일이다. 늑대는 '사물을 훤히 꿰뚫어 보는 통찰력으로 찬스를 포착하면서, 결코 목표물을 포기하지 않는 끈기와 무리를 지어 다니며, 적과 싸우는 협동심이 있다'라고 한다. 이처럼 사람도 끊임없이 목표를 향해 도전하는 늑대의 속성을 닮아야 자신의 분야에서 최고가 될 수 있다.

길은 따로 있는 것이 아니다. 자신이 세운 목표를 향해 부지런히 걸으면, 길은 자연스럽게 만들어 진다. 그러나 길이 없는 목표는 사람을 방황하게 만든다. 좁은 길을 걷다가 큰길을 만나듯, 보잘것없는 작은 목표라 할지라도 나중에는 큰 목표로 연결될 수 있다. 이루고자 하는 목표가 분명하면, 그 어떤 장애나 역경도 이겨낼 수 있다.

낮은 곳에서부터 시작하라

성취욕이 강한 사람은 자기 스스로 목표를 정하기를 좋아한다. 속담에 '천리 길도 한 걸음부터'라는 말이 있다. 즉 '아무리 큰일이라도 그 첫 시작은 작은 일부터 비롯된다'라는 뜻이다. 사람이 높은 곳을 오르려면 낮은 곳에서부터 시작하고, 좀 더 먼 곳으로 가려면 가까운 곳부터 나아가야 한다.

시작이 있으면 반드시 끝이 있는 법이다. 시작하지 않으면 결과도 없다. 작은 목표라도 세워서 시작하는 게 중요하다. 사람에게는 몸값이라는 게 있다. 처음부터 자신의 몸값을 너무 높이면 왕王이라도 사지 못한다. 그래서 처음에는 싼값에 시작한다. 그러다가 차츰 몸값을 올린다. 그래야 갑부가 될 수 있다.

목표를 잠재의식에 새겨 넣어라

갑부가 되고 싶으면, 정확한 목표와 원하는 액수를 정해 놓고 일을 시작해야 한다. 예를 들면, "나는 3년 후에 70억 원을 가진 갑부가 된다." 또는 "나는 출판과 저작권 수입으로 100억 원짜리 사업체를 만든다" 같은 확실한 목표가 있어야 소원이 이루어 진다.

이즈미 마사토泉正人는 "빚만큼 돈을 배우는 데 좋은 교재는 없다. 빚을 잘 지면 좋은 경영자가 된다"라고 강조한다. 10억 원의 빚더미에서 연매출 6,000억 원의 고소득을 창출한 캘리 최Kelly Choi는 "분명한 목표를 자꾸 되새기면, 어느 순간 목표가 자신의 잠재의식 속에 내재된다. 인간의 잠재의식은 의식보다 3만 배나 강력한 힘을 가지고 있다"라고 강조한다.

하브 에커는 "부자는 부자가 되기 위해 집중하고 헌신하지만, 가난한 사람은 부자가 되기를 바라기만 한다"라고 강조한다. 목표를 세울 때는 3년 또는 5년 등 데드라인을 정해 놓고, 잠재의식에 새겨서 실천해야 한다. 그러다 보면 성공의 기운이 느껴질 것이다.

숭고한 목표

이 세상에 갑부 되는 것만큼
고귀하고 숭고한 목표는 없다.

목표

시작하지 않으면 결과 없으니
일단 작은 목표라도 세워보라.

목표를 크게 세워라

성공적인 인생을 살고 싶으면 구체적인 목표를 세워야 한다. 목표가 명확해야 큰 그림을 그릴 수 있다. 장기적인 목표도 중요하지만 일간, 주간, 월간, 연산 단위로 세세하게 세우는 것이 좋다. 그리고 '자신이 세운 목표를 그림처럼 선명하게 시각화하면, 현실로 이루어 진다'라는 연구도 있다.

목표를 세울 때는 크게 세우는 것이 중요하다. 부와 성공의 크기는 생각의 크기만큼 정해지기 때문에 작게 세우지 말고, 아주 대범하게 세워야 한다. 대개 갑부들은 목표를 넓고 크게 세운다. 타고난 자신의 재능과 잠재력을 믿고 목표를 크게 세워라. 사람은 가고자 하는 방향과 목표가 분명하면, 지금보다 윤택한 삶을 누릴 수 있다.

목표와 방향이 운을 부른다

영국의 역사가 아놀드 토인비Arnold (Joseph) Toynbee는 "목표에 도달하는 가장 확실한 방법은 눈앞의 목표가 아니라, 그

너머의 큰 목표를 향해 나아가는 것이 참되고 중요한 인생의 원칙이다"라고 주장한다. 누구나 추구하는 목표와 방향이 명확하면, 기회를 얻게 되고 큰 이익이 생길 수 있다.

캐슬린 노리스Kathleen Norris는 "머릿속에 목표에 대한 비전을 구상하고, 그 어떤 고난이 있어도 그것을 끝까지 고수해야 한다"라고 조언한다. 사람이 목표를 향해 나아가다 보면, 예상하지 못했던 장애물이 나타날 수도 있다. 그럴 땐 목표와 계획을 중단하지 말고, 다시 방향을 수정해 출발하면 된다.

시간의 주인이 되라

부자는 부를 목표로 인생을 살아간다. 즉 인생에 있어서 목표를 세우고 계획을 수립하는 것은 무엇보다도 중요한 일이다. 그러나 수많은 사람 중에 단 3% 정도만이 자신이 세운 목표와 계획을 실천하고 있다는 것이다. 아무리 좋은 목표와 계획을 세워도 스스로 행동하고 실천하지 않으면 아무 소용이 없다.

사람은 목표와 계획을 실행으로 옮길 때 비로소 그에 상응하는 대가와 보상을 받을 수 있다. 그러기 위해서는 실행에 필요한 시간 계획을 세워 이행하는 것이 중요하다. 황금 같은 시간을 효율적으로 활용하지 못하고, 시간의 노예가 되어 TV를 보는 데 많은 시간을 낭비하면 안 된다. 시간을 리드하는 주인이 되어라.

길

할인도 덤도 없는
외길 인생
덧없고 무한하나

험한 행로 지나는
나약한 생각
큰 목표 세워
힘차게 정진하니

나그네 유혹하는
사통오달四通五達
희망의 길 연다.

인생 목표

인생의 큰 목표
뚜렷하면

부富를 향해
달려가는

성공의 지름길
훤히 보이리라.

8

인내와 도전

柳居 이창수 작

최고의 미덕은
인내이다

'은인대기 선포국후출수隱忍待機 先布局後出手' 세상을 얻으려면 끈질기게 기다려야 한다. 성공은 서두른다고 해서 금방 이루어지지 않는다. 하늘의 뜻에 순응하고, 모든 여건이 충분히 갖추어질 때까지 인내하면서 기다리는 신중함이 있어야 한다.

인내忍耐란 '괴로움이나 어려움 따위를 참고 견딤'을 의미한다. 유의어는 노력·성공 등이 있다. 흔히 '인간에게 있어 최고의 미덕美德을 인내'라고 한다. 인내는 경쟁심이나 허영심 없이 기다리는 감정 속에 숨어 있다.

코란은 "신은 인내심이 강한 사람과 함께 한다"라고 설파한다. 인내심은 부와 행운의 열쇠이자 정의의 입증이다.

수많은 사람이 인내를 갈구하지만, 스스로 실천하는 사람은 극소수에 불과하다. 갑부가 되려면 고난과 고통을 참고 인내해야 한다.

인내는 그 어떤 무력보다 강하고 가치가 있다. 어떤 일이든 참고 인내해야 자신이 추구하고자 하는 일을 실행할 수 있다. 인내는 희망을 품는 뛰어난 기술이며, 늘 끈기 있게 기다리는 사람과 함께 한다.

인내는 행운의 열쇠이다

인내는 부와 행운의 문을 여는 열쇠이다. 누구나 참을성 있게 기다리면 부와 행운을 얻지만, 성급하게 서두르면 손해를 볼 수 있다. 부와 행운은 그 자체가 멀고 긴 인내이다. 끈기와 인내심이 없으면 나약하고 실패한 사람이 된다.

인소모대忍小謀大란 '작은 것을 참고 큰 것을 도모한다'라는 뜻이다. 사람이 작은 것에 연연하다 보면 큰 것을 놓칠 수 있다. 인내는 참을 수 없는 것을 묵묵히 참는 것을 말하는데. 잠깐의 인내가 평생의 행복을 보장해 준다.

인내는 으뜸가는 성품이다

속담에 '순천자順天者는 존재하고, 역천자逆天者는 망한다'라는 말이 있다. 즉 '운명을 달게 받고 고생을 참고 견뎌야 잘된다'라는 뜻이다. 자연의 섭리를 이해하고 받아들이면, 그 어떤 불행과 고난이 닥쳐도 인내로써 극복할 수 있다.

G.C. 마셜은 "인내는 가장 중요한 품성의 하나이다. 그러면서 반드시 그 보수를 가져온다. 이에 반하여 성급함은 우리에게 손실을 가져다 줄 것이다"라고 강조한다. 인내는 으뜸가는 성품이고, 성급함은 들어온 부를 쫓는 행위이다.

성공의 원칙은 인내심에 있다

속담에 '인내는 쓰다. 그러나 그 열매는 달다'라는 말이 있다. 게리 바이너척은 "인내심은 나이와 직업과 직급에 상관없이 누구에게나 꼭 필요한 요소이다. 그리고 인내심은 당신이 더 큰 꿈을 꿀 수 있도록 도와주는 꼭 필요한 도구이다"라고 강조한다.

성경에 "어리석은 사람은 당장에 노여움을 드러내지만, 어신 사람은 모욕을 받아도 덮어 둔다"라는 말이 나온다. 즉 인내는 세계를 정복하면서 희생 이상으로 큰일을 도모하며, 불행도 인내로써 정복하고 세상만사를 원만하게 해결해 줄 것이다.

부와 인내 · 1

고난과 고통을
슬기롭게
이겨내는 사람

누리에
부와 인내의 꽃
활짝 피우리라.

부와 인내 · 2

성공은
노력을 만났을 때
이루어지고

부는
인내와 손잡을 때
소원 성취하리라.

인생은
끊임없는 도전이다

　세상과 싸워보지도 않고 안일하게 살아가는 사람은 성공한 사람이 될 수 없다. 성공한 사람들은 세상의 온갖 고난과 역경을 성공을 위한 동력으로 전환 시키고, 고난의 길을 성공으로 가는 길로 바꾼 사람들이다.

　사람은 누구나 좌절과 실패를 경험하면서 성장한다. 오히려 실패의 경험을 기회로 생각하는 사람도 있고, 또 실패를 새롭고 창의적인 것으로 활용하는 사람도 있다. 쓰라린 실패의 뒤에는 역전의 기회가 반드시 찾아온다.

　이 세상에 '커다란 발자취를 남긴 사람들은 자기 자신에 대한 믿음을 가지고 있었다'라고 한다. 대체로 갑부들은 뭐든 할 수 있다는 '긍정적인 생각'과 '믿음'을 가지고 있다. 그들은 평소 불필요한 지출은 아끼지만, 사업성이 높다고 판단되면 과감하게 투자를 한다.

나폴레옹은 '보잘것없는 가문에서 태어났고, 머리 또한 좋은 편은 아니었으며, 생도生徒 시절 그는 시험에 간신히 통과했고, 성적 또한 하위권에 속했다'라고 한다. 그러나 그를 위대한 인물로 만든 원인은 투철한 도전 정신으로 자신의 길을 꾸준히 걸어갔기 때문이다.

실패를 두려워하지 말라

실패는 인생의 좋은 스승이 된다. 사람은 '성공보다 오히려 실패에서 많은 지혜를 배운다'라는 말이 있다. 실패를 거듭할수록 강해지는 사람도 있고, 바닥에 주저앉는 사람도 있다. 그러나 실패 자체를 두려워하면 안 된다. 목적이 뚜렷하면 성공의 기회는 반드시 찾아온다.

D. 웹스터는 "실패는 자본의 결핍보다는 에너지의 결핍에서 때때로 일어난다"라고 강조한다. 사람이 실패가 두려

워 아무것도 하지 않으면, 실패할 일도 일어나지 않는다. 즉 실패가 두려워 도전하지 않으면, 성과 또한 없을 것이다. 실패에는 달인達人이 따로 없다. 무수한 실패가 쌓이고 쌓이면, 언젠가는 좋은 날이 찾아올 것이다.

행운의 기운은 가까운 곳에 있다

어느 봄날, 이른 아침부터 배낭과 무거운 카메라를 둘러메고 남양주에 위치한 천마산(天摩山, 762m)을 오른다. 야생화 촬영은 일반 등산보다 3배 정도 힘들고 시간도 많이 소요된다. 끈기와 열정이 없으면 할 수 없는 일이다.

높은 산을 오르다가 희귀한 봄꽃을 만나면, 바람이 잦아질 때쯤 숨을 멈추고 정밀하게 촬영해야 한다. 희귀하고 예쁜 꽃이 랜즈 안으로 들어오면, 막혔던 행운의 기운이 활짝 열리는 듯한 기분이 든다. 행운의 기운은 멀리 있는 것이 아니라 늘 가까운 곳에 있다. 사람은 누구나 끈기와 열정을 가지면 행운을 만날 수 있다.

자연 앞에선 겸손하라

석회암으로 이루어진 석병산(石屛山, 1,050m)에는 어떤 식물이 자생하고 있는지를 공부하기 위해 길을 떠난다. 강릉과 정선에 걸쳐 있는 석병산은 산세가 험하고 급경사를 이루고 있어, 자만하거나 교만하면 사고를 당할 수 있다.

특히 석병산은 경사가 수직으로 되어 있어 무릎 관절이 파괴될 정도로 매우 위험하다. 무릇 군자는 태산처럼 크지만 교만하지 않다. 그러나 소인은 교만할 뿐 군자처럼 크지 않다. 그래서 사람은 포부를 크게 갖되 교만해선 안 된다. 자연 앞에선 겸손해야 이익을 얻을 수 있다.

인자仁者는 산을 좋아한다

논어論語에 "지자智者는 물을 좋아하고, 인자仁者는 산을 좋아한다"라는 말이 나온다. 오늘은 '인자'된 마음으로 1박 2일 일정으로 설악산으로 향한다. 이번 산행은 설악산 정상에 자생하는 가을꽃을 관찰하는 데 목적이 있다. 꽃의 매력은 고운 자태와 아름다운 침묵에 있다.

새벽 5시, 한계령 휴게소에서 어두운 산길을 따라 조심스럽게 오른다. 높고 웅장한 산은 어딘지 모르게 용기와 정감이 넘친다. 최종 목표는 대청봉(1,708m) 정상이다. 우리는 정상을 향해 부지런히 올라간다. 인생의 목표도 마찬가지이다. 확실한 목표가 정해지면 그때부터 발 빠르게 실행해야 한다.

목적지가 멀면 힘차게 나아가라

설악산 능선에는 비바람과 안개로 자욱해 야생화 촬영에 애를 먹는다. 그러나 목적이 분명하고 하고자 하는 의지가 강하면, 그 어떤 저항이나 극심한 난관에 부딪힌다 해도 슬기롭게 극복할 수 있다. 원대한 목표를 가슴에 품고 인내하면 반드시 해낼 수 있다.

목적지가 멀면 멀수록 더욱더 힘차게 나아가야 한다. 새벽 5시에 출발해서 15시간 만에 오색약수터로 내려오다. 대청봉 가을꽃 촬영은 가파른 절벽을 오르며, 목숨을 걸고 촬영해야 할 정도로 힘든 여정이다. 그러나 고통과 고난이 따르는 멀고 먼 방랑의 길이였지만, 무사히 촬영을 마치고 하산한다.

작은 성취도 크게 생각하라

유약승강강柔弱勝剛强은 '부드러운 것이 굳센 것을 이기고, 약한 것이 강한 것을 이긴다'라는 뜻이다. 보잘것없는 작은 성취도 크게 생각해야 한다. 나의 나약한 발톱 두 개가 빠질 정도로 힘들었던 설악산 대청봉 가을꽃 탐방에서, 자연의 위대함을 깨닫고 희망과 인생의 큰 꿈을 키워본다.

위대한 자연은 희망과 교육 이상의 막대한 영향력을 품고 있다. 자연에서 깨달은 희망은 사람을 성공으로 이끄는 신앙과 같은 것이다. 사람은 희망을 품지 않으면 아무것도 성취할 수 없다. '푸석돌에 불난다'라는 속담처럼 끊임없는 노력과 수단이 뛰어나면, 무엇이든 거뜬히 성취할 수 있다.

도전 · 1

인생
고귀하고 영롱하다

스스로 좌절하거나
도전 멈추지 말고

일단
기세 몰아 나아가라.

도전 · 2

보잘것없은 목표도
쉼 없이 도진히면

끈기에 대한 보답
반드시 받아서

언젠가는
결실 맺게 되리라.

꼬리말

본서 『갑부의 기운』은 필자가 오랫동안 많은 사람을 만나 상담하면서 몸소 체험하고 느낀 점을 바탕으로 서술한 것이다. 필자가 공부하는 '미래학'은 특정 종교의 교리 등에 치우침 없이 오로지 순수한 학문으로써 연구하는 것이다.

필자는 특별히 신봉(信奉)하는 종교가 없다. 그것은 나의 의견이나 견해가 어느 한쪽으로 치우치고 싶지 않기 때문이다. 그러나 성경과 부처님, 성인 등이 남긴 '진리의 말씀'은 언제나 가슴 깊이 새기고 받아들인다.

사람은 누구나 타고난 재능이 있다. 갑부가 되려면 타고난 자신의 재능을 키우고, 재능과 능력에 적합한 직업을 선택해야 성공할 수 있다. 개중에는 운 좋게도 타고난 자신의 재능을 크게 키운 사람도 있고, 또 어떤 사람은 자신의 재능과 거리가 먼 직업에 종사하는 분도 있다.

2019년 말에 발생한 코로나19 팬데믹(감염병 세계 유행) 이후부터 경제침체기를 맞고 있는 어려운 시국에, 새로운 사업을 시작하는 분들과 사회의 첫발을 내딛는 수많은 청소년에게, 첫 단추를 잘 끼워줘야 각자의 직장에서 자신의 재능과 능력을 충분히 발휘할 수 있게 된다.

사람은 타고난 자신의 재능에 맞는 길로 가야 대성할 수 있다. 즉 지름길로 가지 못하고 너무 많은 길을 돌고 돌아서 가면, 젊은 청춘을 길에서 모두 허비하게 된다. 타고난 자신의 직업적성과 재능은 필자와 상담을 하면 상세하게 알 수 있다. 하루빨리 타고난 자신의 길로 가서 모두 갑부가 되길 바란다.

참고문헌

- 서미숙(2022), 『50대에 도전해서 부자 되는 법』, 유노북스.
- 정비석(2012), 『소설 손자병법』, 은행나무.
- 오지혜(2022), 『돈을 지배하는 31가지 부의 도구』, 원앤원북스.
- 켈리 최(2022), 『웰씽킹』, 다산북스.
- 최기종(2023), 『성공하는 대통령의 그릇』, 별나인북스.
- 최기종(2009), 『제1시집 어머니와 인절미』, 경덕출판사.
- 최기종(2020), 『제3시집 소양강의 봄』, 백산출판사.
- 최기종(2022), 『제4시집 상큼한 사랑』, 백산출판사.
- 로버트 콜리어 지음·박봉호 옮김(2010), 『나를 부자로 만드는 생각』, 느낌이 있는 책.
- 사이쇼 히로시 지음·최현숙 옮김(2021), 『아침형 인간』, 한스미디어.
- 이시카와 가즈오(2022), 『뭘 해도 잘 되는 사람의 모닝 루틴』, 다른상상.
- 이즈미 마사토 지음·김윤수 옮김(2023), 『부자의 그릇』, 다산북스.
- 우에니시 아키라 지음·박재영 옮김(2021), 『뭘 해도 운이 따르는 사람들의 10가지 습관』, 센시오.
- 월러스 D. 워틀스 지음·정성호 옮김(2020), 『부의 시크릿』, 스타북스.

- 지그 지글러 지음·박상혁 옮김(2013), 『포기하지마라 한 번뿐인 인생이다』, 도서출판 큰나무.
- 제프 샌더스 지음·박은지 옮김(2023), 『아침 5시의 기적』, ㈜비즈니스북스.
- 찰스 해넬 지음·김우얼 옮김(2005), 『성공의 문을 여는 마스터키』, 샨티.
- 하브 에커 지음·나선숙 옮김(2023), 『백만장자 시크릿』, ㈜알에이치코리아.
- 호리 고이치 지음·윤지나 옮김(2005), 『인맥의 크기만큼 성공한다』, 예문.
- 과목별 학습백과 경제 고등 | 천재교육 편집부.

타고난 재능을 알면 갑부가 될 수 있다!
갑부의 기운

초판 1쇄 발행 2023년 10월 24일

지은이 : 최기종
펴낸이 : 전유미
펴낸곳 : 별나인북스

경영총괄 : 최기종
운영위원 : 스텔라 최, 이순영, 정용선
본문디자인 : 신화정
표지디자인 : 오정은
삽화 : 유수종
서예·그림 : 이창수, 박정희

등록 : 2023년 03월 15일 제585-98-01526호
주소 : 경기도 평택시 비전3로 115, 101동 2205호(죽백동)
전화 : 031-8094-3013, 010-3882-5032
이메일 : choicgj1110@daum.net
SNS : https://wwww.facebook.com/choisn9b
인쇄·제본 : 우일인쇄공사

ISBN 979-11-982622-1-9 03220
정가 14,000원

----

*파본은 구입하신 서점에서 교환해 드립니다.
*저작권법에 의해 보호를 받는 저작물이므로 무단전재와 복제를 금합니다.
 이를 위반시 5년 이하의 징역 또는 5천만원 이하의 벌금에 처하거나 이를 병과될 수 있습니다.